Apricots of Donbas

Абрикоси Донбасу

Абрикоси ДОНБАСУ

вірші

Любов Якимчук

З української переклали

Оксана Максимчук
Макс Росочинський
Світлана Лавочкіна

ВИДАВНИЦТВО ЛОСТ ГОРС
Сендпойнт, Айдаго

Apricots
of DONBAS

poems
Lyuba Yakimchuk

Translated from the Ukrainian by
Oksana Maksymchuk
Max Rosochinsky
Svetlana Lavochkina

LOST HORSE PRESS
Sandpoint, Idaho

Ukrainian Copyright © 2021 Lyuba Yakimchuk.
English Translation Copyright © 2021 Oksana Maksymchuk, Max Rosochinsky, and
    Svetlana Lavochkina.
English Introduction Copyright © 2021 Oksana Maksymchuk and Max Rosochinsky.
Ukrainian Preface Copyright © 2021 Lyuba Yakimchuk.
Ukrainian Preface Translation Copyright © 2021 by Svetlana Lavochkina.

Series Editor: Grace Mahoney.

Cover Image: Oksana Jorysh.
O. Maksymchuk photo: Natalya Mykhailychenko.
S. Lavochkina Photo: Dirk Skiba.
Author Photo: Dirk Skiba.
Book Design: Christine Lysnewycz Holbert.

FIRST EDITION

**UKRAINIAN
//IIIBOOK
INSTITUTE**
This project was funded in part by a "Translate Ukraine" grant from the Ukrainian Book Institute.

This and other fine Lost Horse Press titles may be viewed on our website at www.losthorsepress.org.

LIBRARY OF CONGRESS CATALOGING-IN-PUBLICATION DATA
Cataloging-in-Publication Data may be obtained from the Library of Congress.
ISBN 978-1-7364323-1-0

LOST HORSE PRESS
CONTEMPORARY UKRAINIAN
POETRY SERIES

Volume Seven

ЗМІСТ

CONTENTS

Writing from a Place of War:
Of Seeds, Roots, and Origins

1.

LYUBA YAKIMCHUK IS A PHENOMENON. Barely in her mid-thirties, she has already managed to collect some of Ukraine's top prizes as a poet and screenplay writer. She's an accomplished spoken word performer, a fashion icon profiled by *Vogue UA*, and a mother of a ten-year old. She recently wrote a play, and she's working on a biography of a famed twentieth century futurist poet Mykhail Semenko.

Yakimchuk's accomplishments are not limited to those in the cultural sphere. Born and raised in the family of a coal miner and a conveyor operator in the small industrial town of Pervomaisk some sixty miles from the Russian border, Lyuba is also an advocate for the underserved communities in the Ukrainian east. In 2014, when Russian-backed militants occupied Pervomaisk, forcing her family to escape as refugees, Yakimchuk emerged as a spokesperson for the plight of the civilian population in the region. Her advocacy efforts on behalf of the dislocated persons and the inhabitants of the occupied territories continue to this day.

The present collection draws on the poetry Yakimchuk wrote over the past ten years. During this period, Ukraine was swept over by massive peaceful demonstrations against a corrupt regime, subsequently falling victim to Russian aggression in the form of annexation of Crimea and military incursion into the Donbas region, which left millions of people displaced. Yakimchuk's poems reflect a perspective of a civilian witnessing the descent of her familiar surroundings into a state of chaos, struggling to maintain her balance as she attempts to make sense of the changes she observes. Yet the poems do not easily fall into the category of victim narratives. Time and again, Yakimchuk's poetic language demonstrates art's redemptive potential to restore the victim to a place of significance, as one who puts the broken pieces together, even if she cannot put them "back in place" or undo the damage done.

Yakimchuk's poetry is versatile, ranging from sumptuous verses about the urgency of erotic desire in a war-torn country where any man under the age of thirty faces mandatory conscription, to child-like chatter about the instruments of military combat. Such playfulness in the face of a catastrophe is a distinctive feature of Yakimchuk's voice, harking back

to the legacy of the Ukrainian futurists of the 1920s. Terror mingles with laughter. A joke at the expense of those who speak terror may break its spell, even if momentarily. Yet terror is vengeful, and it hates to lose. The poems are a painful reminder that human dignity and integrity are the first casualty of war, transforming both victims and perpetrators, often irreversibly.

Evil is banal because it is human. The writing speaks of atrocities that become perceived as the norm, and of the mechanisms that a human mind devises for dealing with traumatic events, its inherent adaptability to meet the demands placed on it by the order of things. It is possible, Yakimchuk's poetry suggests, to make a sort of home within a war, build a life out of its elements and parts. War becomes a comfort zone to those who are in it for a long time. Thus children of war find it hard to adapt to a life in peaceful conditions. Men who make war their business may find themselves packing bags in the middle of the night and escaping to the thrill and the comradery they could not find as civilians. People are drawn to war as an adventure. Awful, devastating, yes—but also a chance to prove themselves, to show what they're made of and what they believe in.

2.

The word *lyuba* in Ukrainian means "beloved." It is not surprising, perhaps, that a woman bearing such name may come across as a literary character, a type rather than a particular person. Add a letter 'я'—a word for 'I' in most Slavic languages—and we get a different meaning entirely. *Lyubaya*, in Russian, means "any." So does "lyub*a*" in a Russified dialect of Ukrainian locally known as *surzhyk*, when the stress falls on the second syllable. *Lyuba, lyube—eenie meenie miny mo*, as in a counting rhyme—stripped of personal identity, of uniqueness. Expendable, replaceable, convertible into a number, the stuff of a statistic—any.

This brief excursion into the dramatic changes in meaning caused by slight misspellings of words may strike one as frivolous. Yet in the context of Yakimchuk's poetry, such shifts are never arbitrary. They are fruitful, formative. For Yakimchuk's poetic approach—migratory stresses, misplacement of letters, decomposition of names—reflects the transformations engendered by dislocation, deracination. Out of their

proper place, things and people lose their meaning. A yolk and a white resting inside an egg in a nest in a tree are a future robin, a woodpecker, or a nightingale. A yolk and a white splattered on the concrete in the middle of the street are trash. Cherished possessions transform into garbage in abandoned dwellings, just as people forced out of their homes by war or crisis feel themselves superfluous and unwanted in the distant cities where they hope—and far too often, fail—to find refuge.

3.

In an interview with poet Ilya Kaminsky published at the outbreak of the war in Ukraine in 2014, Yakimchuk said: "Literature rivals war, perhaps even loses to war in creativity, hence literature is changed by war." Kaminsky characterized this change in Yakimchuk's own writing in the following way: "Yakimchuk, a Ukrainian-language poet, refuses to speak an unfragmented language as the country is fragmented in front of her eyes. As she changes the words, breaking them down and counterpointing the sounds from within the words, the sounds testify to a knowledge they do not possess. No longer lexical yet still legible to us, the wrecked word confronts the reader mutely, both within and beyond language. Reading this poem of witness, one is reminded that poetry is not merely a description of an event; it is an event."

Echoing Kaminsky, a prominent contemporary Russian-language poet and U.S.-based scholar Polina Barskova attributes to Yakimchuk "a desire to connect poetics and politics and to extend [her] literary experimentations into different directions," marking her out as "one of the most linguistically daring figures of the younger generation." Barskova writes: "[Yakimchuk] has been exploring the potential of broken or "bad" language, language that bears aphatic traces of war, that shows destruction. In her book *Apricots of Donbas* (2015), which, among other things, narrates Yakimchuk's and her family's forced escape from the Donbas town of Luhansk that was shelled by so-called separatists, Yakimchuk introduces elements of linguistic experimentation partially borrowed from Ukrainian futurists and repurposed to reconstruct the processes of apathetic destruction of language as a result of warfare. The outcome of her experiment is striking; as we can see in her emblematic poem "Decomposition" ("*Rozkladannia*"), she registers dislocation of the human psyche and speech undone by fear and pain."

In reflecting experiences that test the limits of humanity, poetry learns to speak anew. As translators, we face unique challenges of rendering comprehensible not only the overt propositional content of the poems, but also their formal features and the markings of disruption and disorientation they bear, their rhythm, the peculiar high-pitched vibrations that cause the orderly flow of language to falter and shoot, crackle and shimmer.

4.

Yakimchuk usually works from home. It forms the background of many of the pictures she posts on her timeline on Facebook. Within its agreeable smooth interiors, all things seem to belong in their proper place. There are books and plants. A dog and two cats. Two children—her own and her husband's, playing around, fighting, holding hands. Yet there's something unsettling about these projections in windows within windows, something shadowy. It's as if they were superimposed over others, whose shifting contours ripple the surface appearances of stability. A rip—and it will show—the lost homeland, the world that continues on its own in the absence of those who created it.

In that parallel reality, Yakimchuk's actual home—the house where she grew up—is occupied by a sniper. Like a Goldilocks from the fairy tale, he eats out of the family pots, sits in the family chairs, sleeps in the family beds. Lyuba's parents learn of his activities from a next-door neighbor, one of the many remaining inhabitants of the town, who considers herself too old to abandon the place where she grew up. Even as her house is washed over by shellfire and her garden has been transformed into a no man's land, this is still the only home she's ever known. She feels as rooted into this soil as an apricot tree.

For so many others—refugees living in tents, in cramped rented apartments—similar ripples can be sensed, shadows and animals inhabiting the homes they had left, vines creeping in, saplings breaking through the collapsing roofs. Old trees grow more pronounced around the site of the disappearance of what used to be a home, as changes around them unfold in slow motion.

5.

Even after the human survivors of wars, famines, and other humanitarian catastrophes are gone, living witnesses still remain. We encounter them without knowing their stories. In the Buda Castle, where we write this introduction, most are old enough to have weathered the Nazi occupation. Some must have seen the Buda Castle fall under the Ottoman rule in 1541. A few are older still, dating back to the time when King Mathias Corvinus is said to have kept Count Dracula captive in the labyrinth underneath the narrow streets of the hill on which the original royal residence was built some eight hundred years ago. We imagine bullets of different shapes, sizes, and materials still lodged under layers of bark, folds and ridges that make these trunks resemble legs of tall skyscraping elephants from the paintings of the surrealists.

In the United States, witness trees are sometimes marked with special plaques—as reminders that even if the landscape around them no longer bears any traces of the disaster, once upon a time something significant happened in their presence, something that the trees may help us remember. These trees tie memory to a place, help punctuate the process of collecting and dividing what can be known and felt about the past.

There used to be such a tree in front of our window in the Jewish quarter in Lviv, Ukraine. A few years ago, it was cut down, probably at the request of a neighbor who complained of the shade. We miss it not least because it helped us think back on what it has lived through, and what we know must have been the case: how these apartments grew quiet overnight, then empty, their inhabitants shipped to distant places, shot in the street. Its presence was a reminder of the absence we arrived to fill, decades later. The way we lived in that apartment, our pace and rhythm, were gently shaped by the life of that non-human survivor casting its glimmering shadows on walls and windows, as it must have done during the hundred or so years of its life for all of the inhabitants. They saw it just as we see it, we'd think. It was once present to them as it is now present to us.

The living beings whose lifespans far exceed our own sharpen our sense that we're in time, that we belong to a shared history. They help us see the events that absorb us from a perspective that exceeds the scope of a single human lifetime. Once we're gone, the world will still go on. Thus the invention of the immortals—those representing the extreme of

longevity by embodying life eternal—helped humans orient themselves to their mortality, raising the question about the meaning of human existence. Trees were thought to have souls, too—not absolutely undying, but more resilient and persistent than human souls, and like souls of the ancestors, worthy of worship and remembrance.

The apricot trees of Yakimchuk's title are present to the events that unfold. Blind, deaf, mute, they are not discriminating witnesses. Yet they are there, they are alive. Many will survive the war. Not as durable as oaks that can live for up to one thousand years, apricot trees can manage up to a century and a half. Not all of them will be around that long. Some may be chopped down when they're no longer fertile, replaced with trees that can form a garden and bear fruit for someone who comes after the war, intending to make a home.

6.

Staying behind in a war zone, like a deeply rooted tree, does not mean one gets to keep one's home. The walls and the furnishings may stay the same, but one's life has changed, its distinctive features smudged or erased altogether by the imploding world. The people one knew are gone. The places where one went to study or work, to get food or out for a drink—gone. Packs of abandoned dogs roam the deserted streets, lined with street lights that no longer turn on in the night. Consider the poem "Crow, Wheels," capturing the transformation of Yakimchuk's hometown into a war zone:

> when the city was destroyed
> they started fighting over the cemetery
> it was right before Easter—
> wooden crosses over the freshly dug graves
> put out their paper blossoms—
> red, blue, yellow
> neon green, orange, raspberry pink
>
> joyful relatives poured vodka for themselves
> and for the dead—straight onto their graves
> and the dead asked for more, and more, and more
> and their relatives kept pouring [. . .]

The flourishing graveyard, holiday toasts punctuated by gunfire, the familiar rituals of honoring the deceased as a macabre celebration of the ongoing catastrophe. The landscapes of one's childhood merge with military debris and scavenging birds circle over the playgrounds and gardens. Such is the imagery of war, its creative writing. Art can hardly keep up.

7.

What is a home? It's a place where you feel at home. This definition may seem a tautology, but it's informative, exhaustive, even. The idiom of "feeling at home" evokes an experience that has a particular quality of familiarity, safety, comfort. We may feel at home in a lover's arms or floating on our backs in an ocean harbor on a blindingly sunny day. We may also feel at home reading a text: we know the words, understand the grammar, and the meaning of the sentences emerges with little conscious effort on our part. Yet the feeling is fragile: a lover makes a cruel remark; we sense the vibrations of something large approaching; a word gets used in a way that doesn't make sense. We're still in the same place, but no longer home. We've entered a different territory. The zone.

Usually there isn't a sharp boundary between a home and the zone: no barbed wire to indicate the border, no bullets whistling over our heads to confirm we've crossed it. The tricky thing with the zone is that it may look and feel very much like home. It is only retrospectively that we may be able to figure out that we entered unfamiliar territory without becoming consciously aware of it. By retracing our steps, we pick out the minor signs we were ignoring, disruptions of meaning covered over by crafty hermeneutic maneuvers. The strangeness that we attempted to suppress eventually catches up with us, confronting us head-on.

Home has a certain semiotic structure, the structure that the zone resembles up to a point. This structure makes home intelligible. Home is something that's ours, that includes us, takes us in. It's what we can read. By contrast, the zone gradually reveals itself as having a life of its own, the life we don't share. It resists us, shuts itself off. The disruptions described above, the points at which one is made aware that one had crossed into the zone, are characteristic of the human experience of crisis: things that used to make sense no longer do.

For people whose homeland turns into a place of war the experience is more radical: it is not just *this* or *that* relationship, *this* or *that* sentence, *this* or *that* instance of suffering. One's world—and often, one's very life—become unintelligible.

8.

The question of the meaning of existence often emerges belatedly, when something breaks down and we can no longer make sense of our world, of ourselves. The loss of intelligibility, whether sudden or gradual, helps us take up a subjective perspective we often lose sight of when we think about war and exile. Our approach to victims of trauma tends to be diagnostic, describing the transformations that take place *in* the subject from a perspective of a neutral observer. Indeed, victims of trauma are often encouraged to cultivate self-distancing in order to counteract the default tendency to get absorbed in the traumatic events, to experience them as immediate. Yet there's a downside to adopting this approach to coping and living with one's past. A victim of trauma who comes to view herself merely as a site for the unfolding of various psychological processes—the location where memories are stored and distorted—may come to feel alienated from her emotional life. She may see it as something to be understood only in order to become manageable, brought under control.

Yakimchuk's poems often give us hermeneutical keys that invite the diagnostic approach. But to view Lyuba's poems from the safe distance of an observer, whether clinical or theoretical, would be to miss their point. The poems are not only about the poet's psychology. They are also about the world that changes, gradually excluding us, rendering us speechless. In this changing world, meaning does not vanish entirely; rather, it gets re-anchored. Like a foreigner mastering a language for the first time, the poet clings to roots, etymologies, snippets of signification. In this estranged state, language is rendered elemental, literal, ready for fitting new names to the changed world—and the changed self.

In putting together this collection with Lyuba's help, we've sought to capture the ambiguity, terror, and tenderness of transitional moments, the no-longer-this-but not-yet-that cases that resist description. Lyuba's poetry conveys the disorientation and dumbness in the face of a collapsing

world. Yet like a tree that may survive it all, it also bears witness to the bubbling potential of the zone, its giddy energy. For the place of war is not only a site of the disappearance of meaning, but also of its persistence. The zone, as it turns out, is not unintelligible. It engages the poet—and us along with her—in a special form of activity, confronted with our role as creatures that don't simply discover meaning in the world, but constitute and confer it. Here we follow the poet in learning to speak anew. In the zone, we don't simply find a home, but face the challenge of making it.

—*Oksana Maksymchuk and Max Rosochinsky*

[1] For a recent discussion of this form of writing and the ethical and aesthetic issues it raises, see Piper French, "An Interview with Viet Thanh Nguyen," *Asymptote*, April 2019.

[2] See Hannah Arendt, *Eichmann in Jerusalem: A Report on the Banality of Evil* (New York: The Viking Press, 1963).

[3] Polina Barskova, Ilya Kaminsky, and Ostap Kin (eds.). "Forum: Poetry in a Time of Crisis," *Poetry International Online*, January 2017, https://www.poetryinternationalonline.com/poetry-in-a-time-of-crisis-forum.

[4] Ilya Kaminsky, "Barometers," in *Words for War: New Poems from Ukraine*, edited by Oksana Maksymchuk and Max Rosochinsky (Boston: Harvard Ukrainian Research Institute/Academic Studies Press, 2017), xxiii-xxiv.

[5] Polina Barskova, "On Decomposition and Rotten Plums: Language of War in Contemporary Ukrainian Poetry," in *Words for War: New Poems from Ukraine*, edited by Oksana Maksymchuk and Max Rosochinsky (Boston: Harvard Ukrainian Research Institute/Academic Studies Press, 2017), 194-5.

[6] Ibid., 195.

Спільна мова

Одного травневого ранку 2019 року, п'ючи каву в себе на кухні, я ввімкнула американське *The Late Show with Stephen Colbert*, яке часом люблю послухати. Ведучий хвацько пародіював Трампа, дофантазовував його фрази — публіка гучно сміялася.

Треба згадати, що це був час інтенсивних суперечок про торговельну війну США з Китаєм. Трамп стоїть на тлі тихої дороги, що звертає наліво, й каже: «У нас невеличка сварка з Китаєм…». Колбер уриває фразу й продовжує від себе, пародіюючи голос президента: «Сварка! Це сварка! В історії було багато сварок. Ми мали Громадянську сварку, Першу світову сварку, Другу світову сварку». Люди в студії сміються, я — ні. Бо це прийом із мого вірша. Вона жаліється йому через війну, яку веде з власним чоловіком. Він радить змінити слово «війна» на «криза», щоб нібито всім стало легше. Вона підхоплює цю гру й перераховує далі за списком:

> пам'ятаєш, була Друга світова криза?
> відповідно і Перша світова
> громадянська криза — у кожного своя
> я забула про холодну кризу
> їх наче теж було дві
> а ще ж про визвольну кризу треба згадати

Мій текст «*У мене до тебе криза*» вперше опублікували англійською в антології *The White Chalk Of Days* у видавництві *Academic Studies Press* 2017 року. Не думаю, що це той випадок, коли вкрали ідею: все зазвичай простіше. На подібні явища бувають подібні реакції, й байдуже, де вперше з'являється якась ідея, — у поетичному тексті чи в сценарії телевізійного шоу. Бо все це відбувається передусім у мові. Або навіть усередині двох мов.

Те, що події впливають не лише на реакції на них, а й на саму мову, дуже яскраво показала війна, яка почалася в Україні 2014 року. Одні й ті самі слова для людей з різним досвідом стали означати дещо інше.

Reaching a Common Language

ONE MAY MORNING, AT A CUP OF COFFEE in my kitchen, I switched on *The Late Show with Stephen Colbert* that I like to watch from time to time. The host was briskly parodying Trump, supplying the president's phrases with self-invented continuations. The audience was guffawing.

It should be mentioned that this was the time of intense arguments around the trade war between the USA and China. In the show, Trump, who was standing against the background of a quiet road swerving to the left, said, "We're having a little squabble with China . . ."

Colbert interrupted Trump mid-sentence and finished it for him, mocking the president's voice, "A squabble! It's a squabble. Throughout history we've had lots of squabbles. We had the Civil squabble, World squabble One, World squabble Two." The people in the studio laughed but I didn't: Colbert had just used a stylistic device from my own poem. A woman is complaining to her friend about a war she is waging with her husband. The friend advises her to change the word "war" to "crisis," to make matters ostensibly easier for the conflicting parties. She tries to play this game, continuing the list:

> *remember the Second World Crisis?*
> *correspondingly, also the First World*
> *Civil Crisis—to each their own*
> *I forgot about the Cold Crisis*
> *it seems they also came in twos*
> *also the Uprising Crisis*
> *it sounds so good—*
> *the Uprising Crisis of 1648–1657*

My poem "I have a crisis for you" was first published in English in *The White Chalk of Days* anthology by Academic Studies Press in 2017. I don't think Colbert stole my stylistic device, the reason for such a coincidence is different. Similar phenomena generate similar reactions, be it the text of a poem or the script of a TV show, and it doesn't matter if it is in the former or in the latter that these reactions occur first: it is the language that generates them, in this case, two languages.

•

Починається війна на моєму подвір'ї, у домі, де я виросла. Там живуть мама, тато, а на сусідній вулиці у власному будиночку живе бабуся. Але спершу невідомі з автоматами з'являються в Луганську, до якого від дому батьків із дев'яносто кілометрів.

У цей час, наприкінці квітня 2014-го, я приїжджаю з Києва в Луганськ. Зупиняюся в сестри. Луганськ я вважаю своїм містом— тут я вчилася в університеті, тут написала свою першу книжку. Тепер же вулицями мого міста ходять якісь люди з автоматами. Вони стоять зі зброєю біля захоплених будівель обласної ради та обласного управління СБУ. Дивовижне відчуття — ти йдеш, а хтось поряд пробігає з кулеметом: не працівники правоохоронних органів, а взагалі невідомо хто, і це лякає ще дужче.

Я розмовляю там лише російською, а не українською, як зазвичай. Тепер мова стала міткою, мені страшно, що через українську звинуватять у співпраці з українськими націоналістичними організаціями й відправлять на підвал. Зі мною на зв'язку полонений захопленого російськими військовими управління СБУ. Я знаю, як його катували. Здогадуюся, як поводяться в таких обставинах із жінками. Вирішила, що не робитиму дурниць. Ну, як «не робитиму». Буду поміркованою. Тому я беру свого трирічного сина, з яким туди приїхала (він іще не знає жодної мови, крім української), і відвожу до своїх батьків у Первомайськ, де поки що мирно.

У Луганську зустрічі місцевих волонтерів та активістів підпільні, бо на них самих полюють. Їхні адреси стали відомі бойовикам, що захопили СБУ, тож їх викрадають просто з дому. Б'ють, катують, залякують, вимагають якісь дані. Більшість моїх давніх друзів уже не живе вдома.

Я приходжу на одну таку зустріч, адресу якої мені скинули повідомленням безпосередньо перед початком. Волонтери сходяться до палацу культури імені Леніна, звідти прямують на таємну хату розбитою ґрунтівкою. Це схоже на якесь погане кіно — бо в голові весь час виринає думка «не вірю». Ми бредемо вулицею, згадуємо старі часи. Навколо приватний сектор — під ногами багнюка. Заходимо в будинок, сідаємо в коло. Розмова про

Historical events don't only affect the way people react to them. They affect the language usage, too. The war which started in Ukraine in 2014 made that apparent. The same words in a language came to mean different things to speakers with different experiences.

•

The war starts in my yard, in the house I grew up in. My mom and my dad live here, and on the street nearby, my grandmother lives in her own little house. But first, strangers with guns appear in Luhansk, which is about sixty miles away from my parents' home. At this time, in late April 2014, I come to Luhansk from Kyiv for a visit. I'm staying at my sister's in her rented apartment. Luhansk is "my" city—here, I went to university; here, I wrote my first book.

And now some armed strangers are walking the streets of my city. They are standing in front of the captured buildings of the Luhansk City Administration and the Luhansk Regional Department of the Ukrainian Security Service. Someone with a machine gun in his hands is running right past me. This is not law enforcement but some entirely unknown force, and this fact scares me all the more.

In public, I speak exclusively Russian, not Ukrainian as I used to speak before the war. Now, the language one speaks is a marker, and I fear that I might be accused of collaborating with Ukrainian nationalist organizations, then sent "to the cellar"—an illegal prison indeed located in a cellar, where the captives are tortured. I'm in touch with a prisoner who worked in the Ukrainian Security Service, whose building was captured by the Russian military units, and I know what had been done to him. I can also imagine what they do to women in such circumstances. I decide not to act stupidly. Well, not exactly not to act. I will still act—but in a cautious way. So I take my three-year-old son whom I brought with me from Kyiv—Ukrainian is the only language he speaks—to my parents' house in Pervomaisk, where it's still quiet and peaceful.

In Luhansk, local volunteers and political activists meet in secret because they are persecuted. The insurgents who captured the Ukrainian Security Service know their addresses, so these people are just kidnapped from their homes, beaten up, tortured, intimidated, forced to provide information. Most of my old friends don't live in their own homes anymore.

напрями діяльності цієї групи (згодом вони назвуться «Восток-SOS»). Медичний напрям — закупівля кровоспинних засобів, аптечок. Військовий — закупівля медикаментів, шкарпеток, їжі військовим, які служать у частинах (уся надія на них, бо міліції в місті вже не видно). Патріотичний — позначення міста українською символікою, щоби підтримати людей, щоб показати — вони не самі в цьому непідконтрольному українській владі місті. Робота з пресою — написання колонок про полонених, яких усе більшає. Треба тримати їхні імена в полі зору ЗМІ, бо це допомагає тримати їх живими. Я пропоную допомогу з текстами, бо збирати інформацію й писати можу навіть із Києва, куди розраховую повернутися.

Увечері розмовляємо з сестрою. Аня так само настрашена, як і я. Принаймні ми говоримо про це однаковими словами. І не говоримо теж. Того вечора я йду до захопленого СБУ побачити це на власні очі (кажуть, дівочок там не чіпають, а от хлопців можуть зупинити). Під стінами навалили гори автомобільних шин, біля входу стоять автоматники.

Наступного дня я зустрічаюся зі своїм давнім знайомим, одним із тих, кого називають сепаратистами. Іншими словами, він хоче, щоб Донбас від'єднався від України, й підтримує російську експансію на нашу територію. Ми сидимо в кафе за триста метрів від захопленого СБУ. Саша, так його звати, каже, що чергував цієї ночі в цьому СБУ. Я йому не вірю. Надворі, може, й ночував. Він навіть не заперечує, що захопили будівлю росіяни, каже, йому з цим нормально. Підмічає, що там спеціальні люди, які знають, що таке військова професія. Основна емоція, яку я чую поміж його слів, — приниженість. І всі його слова, що описують факти цього приниження людей із Донбасу рештою українців (передусім політиків), — із російської пропаганди. Але Саша — людина творча, він допасовує до телевізійних тез власні ідеї, що спали на думку після прочитання кількох сучасних українських книжок. Він каже, що всі негативні герої в тих книжках говорять російською, а хороші — українською (помиляється). А ще чомусь трактує російськомовних героїв як людей саме з Донбасу, хоч їх вистачає по всій Україні. Ніякі мої аргументи його не переконують. Я знаю, що Сашу бачили з битою під час сутички, на якій моєму приятелю вибили кілька передніх зубів. Усміхаюся й показую зуби — до речі,

I come to one of these meetings, notified by an SMS just before it starts. The volunteers gather at the Lenin Palace of Culture and proceed to an undercover apartment. I feel as if I'm inside a bad movie. I can't help thinking, "This can't be true." We ramble along the street, remembering the old times. This is a residential area, squat buildings, unpaved road, mud under our feet. We enter a house and sit in a circle. We start speaking about the areas of our future activities; the group will be subsequently called Vostok–SOS or "East SOS." Medical—purchasing blood coagulants, first aid kits. Military—purchasing medication, socks, food for the soldiers. They are people's only hope because the police are nowhere to be seen. Patriotic—marking up the city with Ukrainian symbols to support the people, to show them they are not alone in this city outside Ukrainian government control. Media—writing articles about the ever-increasing number of captives. Their names should be kept in the view of the mass media because this also helps to keep them alive. I offer assistance with texts—I can collect information and write articles even from Kyiv, where I plan to return.

In the evening, I talk to my sister. Anya is as scared as I. We even use the same words to express our fears. And we use the same words to avoid talking about our fears. That evening, I go to see the captured Ukrainian Security Service building. They say they leave the girls alone but they might stop the guys. Beside the building, heaps of car tires. Armed guards at the entrance.

The following day I meet up with my old acquaintance, Sasha, one of those who are called *separatists*, supporters of the Russian invasion of our territory and of the Donbas' separation from Ukraine. We sit in a café three hundred meters away from the captured building of USS. He says he was at a vigil there the previous night. I don't believe him. If anything, he may have just spent that night in the street. He doesn't even deny that it was Russians who had captured the building. He says he doesn't have a problem with that. He remarks that these are "special people" who know "the military trade." The chief emotion I sense in all his words is humiliation. And all the words he uses to describe the facts constituting this humiliation of the Donbas people by all the other Ukrainians, especially politicians, are verbatim quotes from Russian propaganda. But Sasha is a creative individual, he adds his own ideas to the TV-broadcast arguments. These ideas were minted in his mind

знак агресії. Під кінець розмови Саша вже почувається розслаблено й критикує попмузику, що звучить біля захоплених адмінбудівель (о, ще та дискотека!). Я хочу заплатити, бо це я запрошувала, але він не дозволяє. Як кажуть, мужик, ага.

Я приїхала в Луганськ в останніх числах квітня, а 9 травня мала виступати на мистецькому фестивалі неподалік. Від виступу довелося відмовитися, бо ситуація погіршувалася щодня. Уже були жертви. Мій колега Сергій Жадан відважно читав свої твори. Нам із сином довелося повертатися в Київ, і 7 травня ми вже мчали в поїзді додому.

Я повернулася в Київ і продовжила описувати свій досвід тими самими словами — «небезпека» і «страх». Моя сестра, яка там залишилася, змінила слова — вона переконувала себе, що все в порядку. Якщо ходиш біля автоматників, які в тебе не стріляють, і думаєш, що так буде й надалі. Організм адаптується до ситуації, у якій перебуває тривалий час. Минали тижні. Поки снаряд не виб'є тобі вікна. Минали місяці. Поки куля не влучить у тебе чи того, хто поряд. Коли я говорила їй по телефону, що треба кидати роботу і їхати з міста, бо це небезпечно, вона називала мої слова панікою. Це був наче інший світ, де такі слова, як «страх», «обурення» чи «гіркота», були занадто сильними, щоб їх називати. Краще глибоко заховати свої почуття туди, звідки їх не чути. З кожним днем, кожним дедалі частішим обстрілом досвід моєї сестри, батьків і бабусі все більше відрізнявся від мого й ті самі слова починали означати щось інше, тому порозумітися ставало складніше. Ніхто не хотів залишити дім і війну та виїхати.

Далі відбувається таке. У Луганську регулярні перестрілки та артобстріли. Сестра втікає звідти до батьків. Військові без розпізнавальних знаків уже там, де мої близькі зібралися. Моєю провінційною вулицею проїздить перший БТР. Документи моїх батьків перевіряють на блокпосту, тицяючи їм зброєю в обличчя. Моїй сестрі на іншому блокпосту в передмісті Луганська перевіряють руки і спину. Вона за описом схожа на снайперку, котру розшукують російські бойовики, які окупували місто. Якщо вона снайперка, на її тілі мають бути сліди від гвинтівки — приміром, мозолі чи розтерті ділянки шкіри. Не знаходять, відпускають.

after he'd read a couple of Ukrainian books. He says that all the negative characters in those books speak Russian and the "good ones" only speak Ukrainian (this is not true). Besides, Sasha identifies all the Russian-speaking characters as people from Donbas (not that there are no such characters in some books, but still, his interpretation is far-fetched). None of my arguments persuade him. I know that Sasha was seen with a club during a clash in which my friend lost several front teeth. I smile, showing mine, a non-verbal sign of aggression, by the way. At the end of our conversation, Sasha feels relaxed, criticizing the pop music resounding near the captured buildings of the Luhansk City Administration ("Some disco!"). I want to pay the bill because it was I who invited him, but he doesn't allow me. *Like a real man.*

I came to Luhansk in late April, and on May 9 I was scheduled to perform at an art festival near Luhansk. I had to cancel the performance because the situation was getting worse daily. There had been casualties already. Yet, my colleague Serhiy Zhadan performed, courageously. My son and I had to return to Kyiv, and on May 7 we were on our fast train home.

Back in Kyiv, I went on describing this experience with the same words—danger and fear. My sister, who was staying in Luhansk, changed her vocabulary—she was trying to persuade herself that all was in order. When you walk past the gunmen who don't shoot at you, you think you will be safe further on. Your body becomes adapted to the situation it has to endure for a long time. Weeks pass. Until a projectile smashes your windows. Months pass. Until a bullet gets you, or someone close to you. When I told my sister to quit work and leave the city because it's dangerous, she called my words "panic." She lived as if in a different world, where words like "fear," "indignation," "bitterness" were too strong to be uttered aloud. It was better to hide your feelings so deep you wouldn't hear them anymore. Every following day brought ever more shelling, and with each day and each shelling, my sister's, my parents', my grandmother's experiences grew ever more different from mine. The same words we used began to mean something different, and this was why it was ever more difficult for us to understand each other. No one wanted to leave their houses, to leave the war.

Then the events unfolded as follows. Regular shootings and shelling in Luhansk. My sister flees to our parents' house. Unidentified military men have already infiltrated our native town, too. The first armored vehicle

По тата приїжджають додому. Він, шахтар із двадцятидволітнім стажем, після виходу на пенсію пішов працювати теслею на вуглепереробній фабриці. Від тата хочуть, щоб він встановив кабінки для голосування на виборчій дільниці, адже гряде так званий референдум щодо від'єднання частини Луганської області від України. Мого батька не турбує цей їхній «референдум». Приходять не самі, а з його начальником із фабрики. Тато каже: ні.

Умовляю батьків виїхати, вони відмовляються, віднікуються. Мама каже, нічого страшного, перечекаємо, поки це скінчиться. Я кажу: дочекаєтесь, коли скінчитесь ви. Телевізор називає це антитерористичною операцією. Слова вводять в оману. Вони слухають слова. Антитерористична операція — це щось коротше, ніж півроку, ніж рік, це має бути швидко, як день, тиждень. Батьки вслухаються: от-от, і ми будемо в безпеці. Але це «от-от» тягнеться, як надто довго жувана жуйка.

Тоді я написала колонку для сайту «Українська правда» про те, що в мене є дім на Донбасі, який під час військових дій нічого не коштує, а до війни його вартість дорівнювала середній місячній зарплатні в Києві. Але він вартий усього, бо це домівка й моїм батькам її важко покинути. У коментарях мене були готові розтерзати за те, що такі люди, як ми, наражаємо на небезпеку українських військових, котрі змушені діяти обережно в населених пунктах, бо там живуть люди. Вони всі хотіли, щоб ці люди просто зникли, а куди — ніхто не казав. Влада не займалась евакуацією. Коментатори звинувачували мене в тому, що мені начхати на власну родину, якщо вона досі там, поки тим моїм друзям, хто виїхав, тут, у Києві, не хотіли здавати квартири, бо вони — з Донбасу. Нас не приймали ні там, ні тут. Казали, що ми самі накликали війну. Що ми повинні були лягати під російські танки, аби їх зупинити. Російська «тактика салямі» спрацювала. Нас відрізали шматочками й нацьковували одне на одного.

Настає час, коли вийти з дому стає неможливо через постійні обстріли. Тато, мама, Аня проводять часом цілі ночі в погребі. Бабуся ховається в коморі — це єдина кімната без вікон. Якоїсь миті тато припиняє ховатися — сидить у дворі, курить і слухає, як над ним летять снаряди. Я кажу: тобі чи жити набридло? А він каже, що я нічого не розумію. Так, я справді нічого не розуміла.

passes along my provincial street. My parents have to show their IDs at the checkpoint, and the guards prod guns at them. My sister's arms and back are examined at another checkpoint. She looks like a facial composite of a sniper wanted by the Russian militants who occupied the town. That means if she is a sniper, there must be traces on her body from contact with the rifle—blisters or skin abrasions. They don't find anything and let her go.

They come for Dad at his house. He is a miner with twenty-two years of work experience. After he had retired from the mine, he took on the job of a carpenter at a coal processing factory. They want Dad to install voting booths at the polling station—the referendum is going to be held on the question of separating a part of the Luhansk Region from Ukraine. My father doesn't care about their referendum. Next time they come to his house with the director of the factory. My dad says no.

I'm trying to persuade my parents to leave. They refuse. Mom says, "It's OK, let's wait till it's over." I say, "When you're over." Television calls it an "anti-terrorist operation." Words hypnotize them. They listen to words. "Anti-terrorist operation" is something shorter than six months, than a year; it has to be quick, like a day, like a week. My parents listen intently: just another spell and we'll be safe. But "another spell" drags on and on like a piece of over-chewed gum.

Then I write an article for the website *"Ukrayinska Pravda"* about a house I own in the Donbas. It's worth nothing now, during the war, but before the war its estimated worth was equal to an average monthly salary in Kyiv. Yet it's invaluable because it's our home, and it's hard for my parents to leave it.

I was torn apart in the comments: people like us endangered the Ukrainian army which was forced to act cautiously near settlements because people still lived there. They wanted all these people to disappear, but they didn't say where they had to go. The government didn't handle evacuation. Those commentators accused me of indifference to my own family, and at the same time, in the very same capital city Kyiv, landlords refused to rent apartments to my refugee friends exactly because the latter were from the Donbas. We were rejected both at home and in exile. It was being suggested we'd called the war upon ourselves. That we had had to lie down under the Russian tanks to stop them. The Russian "salami tactics" worked. We had been sliced up and set on one another.

Далі було краще, ніж могло бути. Батьки та бабуся пережили під Луганськом найстрашніші бої й 14 лютого 2015 року після довгих вагань прибули до мене в Київ. Сестра втекла трохи раніше — у вересні 2014-го. За кілька місяців після їхнього виїзду снаряд зруйнував будинок бабусі, а в будинку батьків поселився бойовик так званої Луганської народної республіки. Мої рідні встигли врятуватися від збройного насильства, але не врятувалися від насильства, яке їм заподіювали через мову. Оце «ви з Донбасу, а значить — погані» було повсюди. Я казала: ми з Донбасу, так, а значить, у нас є досвід, якого немає в інших, і це наша перевага, додаткова цінність.

У Києві мої родичі почувалися дуже нестабільно, бездомно. Постійно слухали новини про війну на сході України. Двічі доходило до того, що вони збирали речі, аби їхати додому. Різними правдами й неправдами їх вдалося втримати. Одна знайома поетка запропонувала моїм батькам пожити в будинку її покійної бабусі неподалік Чорнобиля, але нібито в екологічно безпечній зоні. Батьки з бабусею погодилися, хоч сам Чорнобиль їх жахав. Біля того будинку вони посадили картоплю та іншу городину й так, доглядаючи рослини, гуляючи в сосновому лісі, відволікалися.

Ще ми разом шукали хату, щоб зробити з неї нову домівку. Грошей було небагато, тому це міг бути хіба недорогий будиночок у селі. Але всі села, де вони оглядали будинки, здавались чужими й незатишними, їм нічого не подобалося. Я запропонувала з'їздити в Кибинці на Полтавщину. Вони чули від мене багато років поспіль про це село у зв'язку з одним із моїх улюблених поетів, Михайлем Семенком, футуристом, чию біографію я досліджувала. «Коли Уолт Уїтмен вмер // (1892) // народився // я», — писав Семенко; от, власне, саме в Кибинцях він і народився, коли помер Вітмен. Мої батьки знали безліч історій про Семенка й Кибинці, які я розкопувала в архівах і переповідала їм. Знали історії про його родичів. Мати історії — це як мати родину в селі, мати щось спільне з селом. Словом, ми поїхали дивитися будинки, і один їм сподобався.

Це був час, коли мій тато не міг визначитися, де хоче жити, вагався між двома варіантами: повернутися на Луганщину чи спалити старий будинок і більше ніколи не повертатися. Потрібно

The time comes when leaving the house becomes impossible: the shelling is continuous. Mom, Dad, and Anya sometimes spend nights in the cellar. Grandma hides in the pantry—this is the only room without windows. At some moment Dad stops hiding—he sits in the yard, smoking and listening to projectiles flying above him. I say, "Are you weary of life?" And he says that I don't understand anything.

I really didn't understand anything. But then all turned out better than it could have been. My parents and my grandmother survived the most atrocious warfare near Luhansk, and on February 14, 2015, after long hesitations, they arrived at my place in Kyiv. My sister had fled a little earlier, in September 2014. Some months after their departure a projectile ruined my grandmother's house, and a militant from the so-called Luhansk People's Republic chose my parents' house as his new domicile. My family made it just in time to rescue themselves from armed violence but they didn't manage to rescue themselves from verbal violence. This sentiment, "You are from the Donbas, that means you are bad," stalked them everywhere. I told them, "We are from the Donbas, that means we possess experience no one else has, and this is our advantage, our added value."

In Kyiv, my family felt unstable, homeless. They were constantly following the war reports from eastern Ukraine. Twice, they packed their things to go back home. By incredible tricks, I managed to stop them both times. A poet friend of mine offered my parents to live in her late grandmother's house near Chernobyl, but in an environmentally safe zone, as safe as is possible in that area. My parents and my grandmother agreed, although the very vicinity of Chernobyl frightened them. They distracted themselves by planting potatoes and other vegetables near that house, and by taking walks in the pine forest.

Back then, we were also looking for a house for my parents to settle in permanently. We didn't have a lot of money, so it could only be a cottage in a village; they are not expensive. But all the villages where they looked at houses seemed alien and unpleasant; they didn't like any of them. I suggested they go to Kybyntsi in the Poltava District. I had been telling them about this village for years because it was the birthplace of Mykhail Semenko, a futurist poet whose biography I had been researching. As he wrote, "When Walt Whitman died // (1892) // I was born."

My parents knew tons of stories about Semenko and Kybyntsi that I had dug out of the archives and related to them. They knew stories of his

було соціалізуватися в Кибинцях — завести знайомих, друзів. Для цього я придумала культурний проєкт «Метро до Кибинець», назва якого походить із вірша Михайля Семенка. Залучила батьків і друзів. Протягом року щомісяця ми привозили в Кибинці відомих людей — письменників, режисерів і телеведучих. Спочатку робили це на власні гроші з моєю подругою, шанувальницею футуризму, а потім отримали грант на фестиваль. Я просто розповідала всім, кого бачила, про Кибинці, про Семенка, і ці прекрасні люди самі хотіли туди потрапити. Тато й мама долучились до організаційної роботи й займалися менеджментом заходів на місці. Заручившись підтримкою голови сільради, ми зробили серію зустрічей та фестиваль. У програмі фестивалю була вистава, де грали професійні актори з Києва та аматорські — з села. Ми провели поетичні читання: приїхало десять поетів із усієї України — від Закарпаття до Харкова. Зробили художній майстер-клас для дітей. Ну, і я проводила для всіх екскурсію місцями Семенка. Так мої мама і тато, які ніколи не займалися культурними заходами, а все життя працювали на виробництві, допомогли влаштувати великий захід, про який писала преса й розповідало телебачення. Того дня мої батьки відчули себе господарями на новому місці, відчули себе потрібними.

Спершу з'явилася нова домівка в Кибинцях. Потім з'явилася перша могила — бабуся померла. У своєму новому домі батьки зробили ремонт, дуже-дуже схожий на старий. Купили шпалери, на відтінок світліші від тих, що були на Луганщині. Тато вбудував у сільську хату такий самий душ, повісив дуже схожі кухонні шафки й поклеїв на кухні шпалери з листочками. Ниткові штори — на вході до вітальні повісила мама. Вона ж зробила клумбу з безліччю троянд, хризантем та інших квітів — у дворі. Вони пересотворили свій новий дім за образом і подобою того, що вже відсирів і дав тріщини. Мама й тато часом продовжують називати домом залишений будинок, але новий уже теж так називають. Наче більш не збираються повертатися в окупацію. Так ми разом поступово приходимо до спільного значення слів, до спільної мови. Дуже-дуже поступово.

—*Любов Якимчук*

relatives. Those stories were like having a proxy family in the village. So we went to Kybyntsi, and they took a fancy to one of the houses.

This was a time when my father was very unsure about where he wanted to live, his intentions were oscillating between returning to Pervomaisk to resettle there and setting his old house on fire and never going back.

My parents had to get social in Kybyntsi, to grow a circle of acquaintances and friends. I thought that a cultural project might help them along. I called it "Metro to Kybyntsi," a line from a poem by Mykhail Semenko. I made my parents and friends part of this project. Every month for one year, we brought celebrities to Kybyntsi—writers, film directors, TV hosts. First, my futurism-loving friend and I financed the project on our own, then we received a grant.

I told everyone I knew about Kybyntsi, about Semenko, and those wonderful people wanted to go there at once, even without my asking them for it. My parents organized the events in situ. The head of the Village Council, whose support we secured, helped out as well. In this way we held a series of events and a festival. On the festival program, there was a play performed by both professional actors and village amateurs. Poetry readings were also included—ten Ukrainian poets came from all over Ukraine—from the Carpathians to Kharkiv. We organized an art master class for the village children as well. And, of course, I took all the participants on a Semenko tour in Kybyntsi. So this was how my mom and dad, who had never organized cultural events before, having worked in industry all their lives, helped to conduct a real art festival that was seen by all the village inhabitants and those who came from other cities. Everybody else saw it on TV or read about it in the newspapers. This was the day when my parents felt masters of their new place, when they felt meaningful and respected there.

First, we got our new house in Kybyntsi. Then our first grave appeared—Grandmother died. My parents renovated their new house in a style very much resembling that of their old home. The wallpaper is just a shade lighter than in our Luhansk place. The shower cabin is identical to the one that Dad installed in our old house, very similar kitchen closets and kitchen wallpaper with a leaf pattern. String curtains hung up by Mom at the living room entrance. In the yard, Mom planted a flower bed with a myriad of roses and other flowers. They recreated their new house in the image of the old one, that had already been covered in mold

and showed large cracks. Although Mom or Dad do at times still call their abandoned house "home," they already are used to saying "home" to their new dwelling. They don't seem determined to return to their occupied town. This is how, little by little, we come to share the meaning of words, a common language. Little by little.

—*Lyuba Yakimchuk*

Translated from the Ukrainian by Svetlana Lavochkina

Абрикоси Донбасу

поема

> Там, де не ростуть абрикоси, починається Росія.

вугілля обличчя

із очима морськими синіми
та з волоссям жовтим лляним
трохи вилинялим
це не прапор
це стоїть у шахті
по коліна у воді
мій тато
його обличчя, як вугілля —
із відтиском
польового хвоща допотопного
роками розтоптане
море твердне сіллю
трава твердне вугіллям
а тато стає як трава-ковила
сивим

він чоловік
а чоловіки не плачуть —
так кажуть в рекламі
а щоки його рівчаками
порубала шахта
і вугілля добуте з обличчя
мого батька
згоріло в Донбасу пічках
і багаттях

а десь там високо
стоїть терикон
гарчить терикон
як дракон

APRICOTS OF DONBAS

a long poem

> Where no more apricots grow, Russia starts.

the coalface

with eyes sea blue
and hair flaxen yellow
faded a little
it's not a flag
it's my father
standing in a flooded mine
water up to his knees
my father
his face, like coal—
with a print
of an antediluvian field horsetail
trampled by years
the sea hardens into salt
the grass hardens into coal
and father turns like feather grass
gray

he's a man
and men don't cry—
so the saying goes
his cheeks are trenches
chopped up by the mine
and the coal
from my Father's face
burned in Donbas bonfires
and ovens

and somewhere high up
there stands a terricone
the terricone snarling
like a dragon

як сфінкс
що захищає свого Тутанхамона
і знаю тільки я одна
що посеред степу терикон —
це корки від пляшок
які тато випив
і попіл від сигарок
що викурив тато

like a sphinx
defending its Tutankhamun
and it's only me who knows
that the pit heap in the middle of the steppe
is nothing but caps from the bottles
that Dad drank
and ashes of the cigarettes
that Dad smoked

терикони грудей

дерева оці
як кольорові олівці
понавтикані вздовж дороги
і тільки часом проїде краз
посеред степу в лісосмужку
Донбас! Донбас!
шипить труба
сонцю на вушко

ти стоїш
у спецформі
вугляного агента
і пахнеш парфумно
реагентами:

— я жінка
моя стихія водна:
це — не тільки зробити чай
чи помити посуд — ні!
хоч жінок не беруть у шахту —
але беруть на фабрику
вуглепереробну
і я мию вугілля
ніби мила би коси
я вугілля подрібнюю
наче ріжу картоплю
або перемелюю м'ясо
у блендері фабрики
і заправляю маслом
розтопленим —
тобто поливаю цей борщ
реагентами
слухай, оці компліменти
про красу донбаських дівчат
мають якийсь сенс

the terricones of breasts

these stalks are
like colored pencils
stuck along the road
just now and then
a truck will pass
amid the steppe in the copse
Donbas! Donbas!
the chimneys hiss
into the whorl of the sun's ear

you stand
in the uniform
of a coal agent
and smell perfume-like
of reagents:

—I'm a woman
my element is water:
this is not just for making tea
or washing the dishes—no!
although women don't work in mines—
but at factories they very well do
coal handling
and I wash the coal
like I'd wash my braids
I crush the coal
like I'd cut potatoes
or grind meat
in the factory blender
and drizzle it over with oil
melted—
that is, over this borscht
I pour reagents
you know, all these compliments
to Donbas girls on their beauty

якщо побачити ці заводи
якщо спуститися в шахти
або скупатися в отруйних водах
відстійників
куди спускають юшку
від мого оцього борщу
якщо залізти на терикон
і провалитись йому під ковдру
точніше — в пряму кишку
а перед тим
побачити цвіт абрикос
ніжно-білий цвіт абрикос
а в осінь
побачити їхнє жовте волосся
із висоти вагонеткового польоту

make sense
if you see those factories
if you go down into the mine
or bathe in the poisoned waters
of the sumps
where the broth is dumped
from this borscht of mine
climb up the terricone
and tumble under its blanket
namely, down its colon
but before that
catch a glimpse of the apricot blossom
supple white apricot blossom
and in the fall
see their yellow curls
from the height of the mine trolley's flight

SL

абрикоси у касках

відцвіли абрикоси Донбасу
відтінками неба усіма
абрикоси вдягнули каски
минула весна

їх було двадцять
усі молодці
до тридцяти...
за законами рівняння
їх і стало двадцять
от тільки нема на що рівнятись:
вони трималась
на волосині
сталевого дроту
вони стояли у клітині
як у ковчегу Ноєвому
після потопу

упала бетону тонна
на клітину
вони випали
їх розтрощило у вільному падінні
вони стали вільні
так, вільні
як абрикосові дерева
вирвані з корінням

їх було двадцять
і стало двадцять
на них рівнялись
за законами рівняння
коли продовжували ряд
на кладовищі
а мій тато з ними не встиг
порівнятись

apricots in hard hats

the apricot blossoms of the Donbas
wilted in all hues of the sky
the apricots put on hard hats
the spring already passed by

twenty
good men
under thirty . . .
the law of equation
reduced them to twenty
but there's nothing to equal them to:
they hung
by the thread
of a steel wire
in their cage, they stood
like in Noah's Ark
after deluge

a ton of concrete
crashed on the cage
they fell out
in free fall
broke free
yes, free
like uprooted
apricot trees

they were twenty
turned twenty
they were looked up to
when they continued the row
by the laws of equation
six deep at the graveyard
but Father didn't catch up
with them

мій тато тоді вугіллям застиг
а вони піднімалися вище і вище
у ґумових чоботях
і з фляжками без води
із тілами як фляжка
піднімалися до ангелів
туди

і тепер бабусі онукам
розказують казку
про абрикоси
у касках

my father turned into a pillar of coal
as they went on skywards
in their rubber boots
and flasks without water
their own bodies like flasks
they rose to the angels
yonder

and now grannies tell
their grandkids a tale
of apricots wearing hard hats

SL

казка моєї бабусі

коли сльози
стають сіллю кам'яною
коли море в животі
стає шахтою
помирають мамонти
і народжуються душі нарозхрист
вони обмінюють сміливість на горілку
і наймаються на роботу

зачекай!
ця шахта ковтне тебе
ця красуня з темною шкірою
кам'яна
може, для неї половці різьбили статуї
серед неголених, як шахтарі, степів
зачекай!
вона народить тобі мертве море
її талія не шістдесят
а груди обвисли до пояса
не заходь у неї
можеш не повернутися
мов дитина в матері
яка не хоче народжувати

він занурився в неї раз
і повернувся зі сльозами в руках —
він занурився в неї — два
і повернувся із сіллю в руках
він занурився в неї — три
і повні руки вуглин
потягнули на дно
підземного моря

my grandmother's fairy tale

when tears
turn to rock salt
when the sea in the stomach
turns into a coal mine
mammoths die
and hearts are born on the sleeves
they swap mettle for liquor
and get hired

wait!
this coal mine will swallow you
this ebony beauty
of stone
maybe it was for her that the Cumans carved statues
amid the steppes, unshaven like miners
wait!
she'll give birth to a dead sea
her waist is not sixty
her breasts droop to her midriff
don't come inside
you might not return
like a child of a mother
who doesn't want to give birth

he plunged into her once
and came back with tears in his hands—
he plunged into her—twice
and came back with salt in his hands
he plunged in her—thrice
and hands full of coals
pulled him down to the bottom
of the underground sea

абрикосові дерева розпростерли руки до неба
абрикоси одягнули жовтогарячі каски
і тепер, коли їси абрикоси
всередині — вуглина
кінець казки

apricot trees stretched their hands to the sky
apricots put on hard hats, yellow-hot
and now when you eat apricots
you find coals inside
end of the tale

SL

книга ангелів

твої зуби темні й діряві
як оці терикони
твої очі сірі і пряні
як перевернуті корені
диму алчевського
що проростає вгору
і приймається всюди
як верби

— моє здоров'я кепське
але жаліти мене не треба
я дістаю траву, але не якусь
а кам'яну
із-під землі
із-під неба:
колись тут було море
росла гігантична трава
на ній колихалися ангели
трава слухала їхні розмови
запам'ятовувала слова
і пресувалася в торф
він витискав з себе воду
ставав суттю всього
вкривався свіженьким гіллям
і ще якимись колодами

ці ангельські слова
не могли передатись повітрям
тож ставали легким камінням
кам'яною травою
тобто ставали вугіллям
і тепер кожна шахта —
це книжка
з ангельськими словами
сторінки якої

the book of angels

your teeth dark and decayed
like terricones
your eyes gray and spicy
like the upturned fibrils
of the smoke of Alchevsk
that grows upwards
takes root everywhere
like willows

—my health is lousy
but I needn't be pitied
I pluck grass but not just any grass
stone grass
from under the ground
from under the sky:
once, here was a sea
here grew gigantic grass
on it, angels swayed
the grass listened to their talk
committed the words to memory
and pressed itself into turf
the turf squeezed out its water
became the essence of the universe
got covered with fresh twigs
and some other woodblocks
these angelic words
could not be transmitted by air
so they turned into shingle
stone grass
that is, turned into coal
and now every terricone
is a book
of angelic words
the pages of which
burn in the forge

горять у пічках —
і це велетенські свічки
порозгублені
степами

тому й Донбасу заводи
курять в небо димом кольоровим
і їм плювати на заборони
тютюнопаління
у громадських місцях
бо на заводських майданчиках
вони — у себе вдома
а там, як відомо
курити не заборонено
навіть коту
ту-ту
поїзд
ту-у-у

*для **Ю.А.***
2012

they are giant candles
scattered
in swards

that is why Donbas plants
shoot colored fumes into the sky
not giving a damn
about the smoking ban
in public places
because on factory squares
they are at home
where, as everyone knows
even cats
smoke as much as their masters do

choo choo
goes the train
choo choo

SL

Ням і війна

(2008–2009)

Тут мав бути розлогий коментар про війну, але Ням уже тут, тож на коментування зовсім немає часу. Одразу з головного.

Tes siens sont les seuls obus que j'aime

Guillaume Apollinaire

розмішування ночей

час міряю сірниками — мостиками через краплі на столі
те, що є, розмішую травинкою, як молоко зігріте для горла
те, що є, розмішую годинниковою стрілочкою

я хочу знову в маму, я хочу знову не народитися

кава
але вона, як і я без молока, без молока довго-довго триває

не сплю ночами, дивлюсь телевізор замість снів
у філіжанці кімнати розмішую ночі годинниковою стрілочкою

YUM AND WAR

This space was reserved for an extended commentary on war. But Yum is already here, so I've got no time for commentaries. Let me get straight to the point.

Tes siens sont les seuls obus que j'aime
—Guillaume Apollinaire

stirring the nights

I measure time in matches—little bridges over droplets on the table
what there is, I stir with a blade of grass, like milk heated up for
    a sore throat
what there is, I stir with the hands of a clock

I wish to get back into my mother, I wish, again, not to be born

without milk
coffee keeps for a long-long time, just like me

I don't sleep at night, watching TV instead of dreams
in a jar of a room I stir the nights with the hands of a clock

OM/MR

з'являється Ням

Ням прийшов до мене вранці
коли сонце розпушує свої вії
струшуючи застиглий шоколад сну
Ням прийшов навшпиньки

він не вмів розмовляти
він не вмів писати-читати та все інше властиве людині
подивився на мене своїми червоними від недосипання очима
висмикнув шнур із телевізора пухлими пальчиками
і мовив:

— тепер ти будеш дивитися сни
а вони без реклами
а пульт я залишу собі
буду бавитись

Yum appears

Yum came to me in the morning
when the sun fluffs out its eyelashes
shaking off a stiff shell of sleep
Yum came on tiptoe

he didn't know how to talk
read or write or anything else typical of a human being

he looked at me with his red insomniac's eyes
unplugged the TV with his fat little fingers
and uttered

from now on you'll be watching dreams
free of commercials

I'm keeping the remote for myself
to play with

OM/MR

починається війна

як починається війна?

не через погану політику чи неподілені землі і нафту —
Ням сидить і перемикає кнопочки пульта від телевізора
читає словник нецензурної лексики
дає речам імена зі словника
ламає лялькам руки-ноги
кидає солдатиків до комину
і вони горять синім полум'ям

танчики виставляє посеред кімнати
спрямовує гармати на всі сторони світу
запиваючи молоком з материної циці

нестерпний Ням!

зашторте вікна, вимкніть світло, залізьте під ковдру —
починається війна

war starts

how does a war start?

not because of bad politics, territorial disputes, squabbles over oil
Yum sits in front of a TV pressing buttons on a remote control
flipping through a dictionary of curse words
naming all things

he breaks arms and legs on the dolls
throws soldiers up the chimney
basking in their blue glow

he lines up tanks in the middle of the room
and points their guns at all parts of the world
sipping milk from his mother's tit

unbearable Yum!

*draw the curtains, turn off the lights, dive
under the covers*

war is starting

OM/MR

вигадування ворога

це місто з нецілованим асфальтом
та нецілованими дівчатами
не може загинути під ґумою чобіт ворога
під ґумою авто ворога
які пересуваються дорогами
та дихають нашим киснем

ми купуємо самі ці чоботи
і носимо, ходячи міським асфальтом
ми самі купуємо ці автівки
та їздимо міським асфальтом
а Ням тішиться, потираючи руці
бо це він вигадав ворога
він вигадав

а дорослі шукають його видумку
зазираючи під ліжко і в шафи
ніби довго не були вдома і там щось змінилося
ніби грають у піжмурки
і ніколи не настає їхня черга ховатися

тим часом я зняв чоботи, вийшов на вулицю босий, присів та поцілував
світлу шкіру асфальту, ніжну та вологу після дощу

making up the enemy

this town with unkissed pavements
and unkissed maidens
could not fall
under the rubber boot of the enemy
under the rubber tires of the enemy

crossing our roads
breathing our air

we buy these very boots
we walk in them on these very pavements
we purchase cars from the enemy
their tires ploughing our roads

Yum rubs together his little hands, delighted
for he invented the enemy
he made it all up

grown-ups search for his invention
under their beds, in their wardrobes
as if they'd been away from home for a long time
and something changed while they were gone
as if they're playing hide-and-seek
and their turn to hide never comes

*meanwhile I took off my boots and I walked into the street barefoot
and I got on my knees and kissed the pale skin of the pavement
tender and moist after rainfall*

OM/MR

ховаємось удвох

музика сірого кольору
квітне на круглих деревах
ми чекаємо посеред вулиці
поки прибіжить Ням
побачить в небі літаки
і скаже ховатися

— вони не нас летять бомбити
не нас!

але ми ховаємось замість тих
до кого вони адресовані

ложечку за маму
ложечку за тата
як у тій безконечній казочці
щоб проковтнути гірку пігулку
щоб з'їсти ту манну кашу

ми біжимо, взявшись за руки
ми кричимо, що несправедливо отак

ми ховаємось під ковдру
тільки з тобою вдвох
тільки вдвох
і там починається істина

hiding together

gray-colored music
blossoms on round trees
we wait in the middle of the street
for Yum to run out
point at the drones in the air
tell everyone to shelter in place

they are not coming to bomb us!
not us!

still, we hide—instead of those
they are intended for

a spoonful for mom
a spoonful for dad
like in a nursery rhyme
just swallow the bitter pill
just finish your bowl of *kasha*

we run, holding hands
we shout that it isn't fair
we take cover under a blanket

and that's where the hiding ends
and truth begins

OM/MR

міжнародний конфлікт

знову прийшов уночі
сів над колискою
глибоко зітхав
співав про котика сіренького-біленького
хати
спати

але я прокинувся і вирвав жмут шерсті
та потрапив випадково в твоє вузьке око
аж сам дивуюся, як в таке вузьке можна втрапити

а ти сказав:
— Україні загрожує міжнародний конфлікт
через твою необачність

international conflict

again he came in the night
sat by the crib
sighed
sang a lullaby of a gray-and-white cat
house & mouse
peace snooze

but I woke up and tore out a tuft of your fur
and accidentally poked your narrowed eye
surprised to get into a slit that tight

and you said, our motherland's in danger
of an international conflict
on account of your lack of foresight

OM/MR

як народився Ням

Ням пам'ятає, як він народився:
п'ятдесятого жовтня
коли солов'ї відлітають у вирій
і випадає перший сніг
він розірвав ковдру червоних метеликів
і заспівав, як священик у церкві

був весь у горошок риб'ячої луски
товстенький травмований оселедець
з червоними від недосипання очима

медсестра, як наречена, уся в білому
принесла води
він пускав бульбашки
мочив руки і ноги
але ходити не вмів
тому повзав по воді навколішки
як стара в церкві

потім Ням запхинькав
думав про самогубство і викинувся зі склянки
встав і полетів у роздряпане небо

а ми так само продовжуємо сидіти тут, на дні
та битися головою об грані
створені на держзамовлення

how Yum was born

Yum remembers how he was born
on the fiftieth of October
when the nightingales fly south
and first snow falls
he tore up a blanket of red butterflies
and sang, like a priest in an empty church

covered in polka dots of fish scales
a fat hurting herring
with red insomniac's eyes

a midwife, all in white, like a bride
brought in some water
he blew bubbles
splashed with his hands and feet
but he couldn't walk
so he crawled around in the water
like an old woman in a temple

then he began to snivel
threw himself out of his baby bath
a half-empty glass
and flew into a torn-up sky

while we continue to sit here, at the bottom
hitting our heads against the glass facets
of the state

OM/MR

гортання вій

я не можу заснути
тривожно звук «зайнято» в слухавці переривається
і мама щось примовляє про бабая
який прийде і забере мене
якщо я не буду спати

знов умикаю світло
і бачу в дзеркалі неголене обличчя
що як серпнева стерня —
колосся виросло і його зрізали
як і я, як і мене

лампочка згоріла
кометою, що наближається до центру тяжіння
а тяжіння тут, у моїй голові
і всюди темно тепер

я мучуся
не від того
що цвіркун п'є чай на моєму вікні
не від голосу місяця, що виє за вікном —
він у повні, як твої груди
він тепер яблуком котиться —
я ж не можу заснути
бо ти лежиш на сусідньому ліжку
і голосно гортаєш вії
шурх-шурх

lash-batting

I can't fall asleep
the busy tone on the telephone stops
and mama mumbles of a boogeyman
who'll come and get me if I don't go to sleep

I turn on the lights
and see an unshaven face in the mirror
bristly like a harvested field in August
the wheat that grew and got cut down
like I, like me

the light bulb burnt up –
a comet approaching the center of gravity
right here, inside my head
darkness everywhere now

I suffer
not because of the cricket who drinks on my windowsill
not because of the moon that howls
full, like your bare breast

I cannot fall asleep
because you're making a lot of noise
on this bed next to mine, flapping your lashes
whirr-whirr

OM/MR

листи не приходять

давно не приходять до мене листи
не тому, що хтось загинув на фронті
або впав під власним порогом
як глечик, що перестав триматися купи
як острижене волосся
як сіно з жуками і квітами
не тому

хроніку пишуть поети
і вона переважно для серця
а серце гримає-гримає як дзиґар цілий
а полузеґарик-місяць, розгорнутий чашею
із зірками рук простягнутих
просять збутися
просять бути
згадують мою бабцю Марію
вона любила писати крупними літерами
на аркушах у лінію дощів

а листи не приходять мені
ні пушинками молочаю
ні з поштовими голубами

голуби тепер переносять виключно грип
а пушинки — виключно вітер

а моя листоноша
за сумісництвом пенсію може видати
моя листоноша мила
почала писати мені листи
це останній апостол у світі
що знає всі літери

для Івана Величковського

72

letters don't come

strange how I don't get any letters
not because someone died at the front
or collapsed at his own doorstep
like a jug no longer holding together
like cut-off hair
like hay with bugs and flowers
that can't be why

a chronicle is written by the poets
and it's meant for the heart
but a heart thumps like a clock
the half-clock of the new moon
with stretched-out hands of stars
pleads with me to remember
my grandmother Maria
how she liked to write in large letters
on sheets lined with rain

but letters aren't brought to me
not by dandelion fluff
nor by pigeons

pigeons only carry the bird flu
and dandelion fluff — only wind

and even my mailwoman
usually only delivers a state pension
but the sweet being she is
she started writing to me
the world's last apostle
who knows all the letters

OM/MR

Розкладання

місто-роба

це місто розлініяне в дощ
як тюремна роба
на трохи згорбленому
чоловікові
заґратованому вікнами
за якими вітер
над морями-океанами
людей

це місто вікон
дощем прострочене
як гамівна сорочка
і зв'язані рукави річок
міцним вузлом
чи просто злом
але теж міцним
як поцілунок ворога

позбувшись жезла
чи просто зла
серед розп'яття доріг
старенький із парасолем
регулює автопробіг
наліво їде дощ
а направо — сніг
наліво їде дощ
а направо — сніг
а вгору піднімається паніка
або просто пінка
опінії

DECOMPOSITION

robe of a city

this city is lined by rain
like a striped prison robe
over a hunched back
of a man framed
by a barred window
with wind outside it
over the ocean waves
of passers-by

this city of windows
stitched by the rain
like a restraining garment
the sleeves of rivers
tied into a tight knot
or just by lot
also tight
like an enemy's kiss

rid of a mace
in a maze
a crucifixion of roads
an old man with an umbrella
regulates the traffic

rain goes to the left
snow to the right
rain to the left
snow to the right

and panic goes up and up
like the foam
of opinion

його оркестр — стихія
його оркестр стихає
його оркестр стих

цей шарф зніми
тут тісно так
що не перегортаються
навіть сторінки
із сусіднього рота
пахне гастритом
пахне димом —
від жінки
двері не відкриваються —
вони завжди відкриті

2013

its orchestra—a force of nature
its orchestra—fading
its orchestra—a fad

take off this scarf
it's so cramped in here
that even the pages
don't turn

a neighbor's mouth
reeks of gastritis
the smell of smoke
from a woman
the doors aren't opening—
they're always open

OM/MR

підпис

ти барабаниш
у двері моєї спини
сухим кашлем
мені тебе принесли
як листа
і просять розписатися
на порожній сторінці
— халати святих теж білі, —
думаю я і ставлю підпис

мій розчерк втікає вулицею
ховається за барикади
які обвалюються в пекло
випаленими зіницями
будинку профспілок

із зіниць спускаються ангели
у темному одязі
ангели більше не носять уніформи
бо вони — ангели
вони можуть вибирати
а ми — ні

а потім стає так біло
як всередині мішків зі снігом
так біло
як на халаті цих святих
які мене витягають із-під куль
так біло
яким буває лише щастя

і на білому тлі
маленька
чорна
крапка

signature

you drum
against the door of my back
with your dry cough
you were delivered to me
like a letter
requesting that I sign
on the blank page
the robes of saints are also white
I think – and sign

my mark runs down the street
hides behind the barricades
that slide into an inferno
with burnt-out pupils
of the trade unions building

angels descend out of these pupils
wearing dark
angels no longer wear uniform
they are free to choose
but we
we aren't

and everything turns white
like inside a sack filled with snow
so white
like the white scrubs of these saints
that pull me out under the flying bullets
only bliss ever feels so blinding

on this white
a tiny
black
dot
of a signature

підпису
пробила
папір
халат
скроню

2014

punctures
a sheet of paper
a robe
a temple

OM

як я вбила

усі мої родинні зв'язки тепер телефонні
усі мої родинні зв'язки прослуховуються
їм цікаво, кого я більше люблю, маму чи тата
їм цікаво, на що хворіє моя бабуся, яка каже в слухавку: ой, ой-ой
вони заінтриговані, що думає моя сестра про свого хлопця
який раніше був моїм

усі мої телефонні зв'язки кровні
уся моя кров прослуховується
їм треба знати, скільки відсотків української
польської, російської і чи є циганська
їм треба знати, чиїм донором я стала
їм треба знати, чи це впав гемоглобін, чи дах наді мною
і чи можна з клітинних мембран побудувати кордони

між мною і моєю мамою вирито сотні могил
і я не знаю, як їх перестрибнути
між мною і моїм батьком літають сотні снарядів
і я не вмію дивитися на них, як на птахів
між мною і сестрою металеві двері погребу
що їх ізсередини підпирає лопата
між мною і моєю бабусею параван із молитов —
тонкі шовкові стіни, за якими не чути, зовсім не чути

це дуже просто, підтримувати родинні телефонні зв'язки
це дуже дешево, поповнювати рахунки безсонням та
заспокійливим
це так п'янить, слухати чужу кров, одягнувши навушники
особливо, коли моя кров перетворюється на постріл:
нах!

2014

how I killed

I remain connected to my family over the phone
with all of my family connections wiretapped
they are curious whom do I love more, mom or dad?
what makes my grandma cry out into the receiver?
intrigued as ever by my sister's war-fueled drama with her boyfriend
who used to be my boyfriend

all of my phone connections are blood relations
my blood is wiretapped
they must know what percentage is Ukrainian
Polish, Russian, and if there's any Gypsy
they must know how much of it I gave, and to whom
they must know whether that's my blood sugar dropping
or the roof collapsing over me
and whether it's possible to build borders out of membranes

hundreds of graves have been dug between me and my mother
and I don't know how to leap over them
hundreds of mortar shells fly between me and my father
and I can't see them as birds
the metal doors of a basement, secured with a shovel
separate me from my sister
a screen of prayers hangs between me and my grandmother
thin silky walls muting out the noise, and I hear nothing

it's so simple, to stay connected over the phone
adding minutes to calling cards, tranquilizers—to restless nights
it must feel so intoxicating
to listen to someone else's blood throbbing in your earphones
as my blood clots into a bullet

BANG!
!

OM/MR

83

розкладання

на східному фронті без змін
скільки можна без змін?
метал перед смертю стає гарячим
а люди від нього холодними

не кажіть мені про якийсь там Луганськ
він давно лише ганськ
лу зрівняли з асфальтом червоним
мої друзі в заручниках —
і до нецька мені не дістатися
щоби витягти із підвалів, завалів та з-під валів

а ви пишете вірші, красиві, як вишиванка
ви пишете вірші ідеально гладенькі
високу поезію золоту
про війну не буває поезії
про війну є лише розкладання
лише літери
і всі вони — ррр

Первомайськ розбомбили на перво і майськ —
безкінечно маятись, наче вперше
знову там скінчилась війна
але мир так і не починався

а де бальцево?
де моє бальцево?
там більше не родиться Сосюра
уже більше ніхто з людей не родиться

я дивлюся на колообрій
він трикутний, трикутний
і поле соняхів опустило голови
вони стали чорні й сухі, як і я

decomposition

nothing changes on the eastern front
well, I've had it up to here
at the moment of death, metal gets hot
and people get cold

don't talk to me about Luhansk
it's long since turned into *hansk*
Lu had been razed to the ground
to the crimson pavement

my friends are held hostage
and I can't reach them, I can't *do netsk*
to pull them out of the basements
from under the rubble

yet here you are, writing poems
ideally smooth poems
high-minded gilded poems
beautiful as embroidery

there's no poetry about war
just decomposition
only letters remain
and they all make a single sound — rrr

Pervomaisk has been split into *pervo* and *maisk*
into particles in primeval flux
war is over again yet peace has not come

and where's my *deb alts evo*?
no poet will be born there again
no human being

вже страшенно стара
і я більше не Люба
лише ба

2014

I stare into the horizon
it has narrowed into a triangle
sunflowers dip their heads in the field
black and dried out, like me
I have gotten so very old
no longer Lyuba
just a *ba*

OM/MR

збирання

але зійде вода
і проклюнеться шурфами шахт
як химерна рослина рукaтa
і вода як любов
все поглине ковтком —
щоб уламки в одне зібрати
і народить там море
нове і живе
і народить нових
проте не людей
і вони попливуть як рибини
там, де люди уже не потрібні

2014

gathering

but the water will ebb
and pits will bud and then blossom
like a bizarre plant with its arms sprawled out
and water like love
will swallow all in one gulp —
to gather all the shards in one
water will give birth to a sea
new and alive
the sea will give birth to new creatures
not people though
and they'll swim like fish
to places where there is no more need of humans

SL

це не чек, це вірш

Сільпо

ТОВ "ФООЗЗІ-ФУД"
МАГАЗИН "СІЛЬПО"
М. КИЇВ
ВУЛ. ПІВНІЧНА, БУД. 6в
ПН 322949210139

```
00001                        01
0.388 Х              22.49
НЕКТАРИНкг            8.73 А
```
```
# ЧЕК N 19/275/543        #
# Каса N 6 (Михайлова В.   #
                          #
ПЕРЕДБАЧЕННЯ ДЛЯ ВАС:      #
БУДЬТЕ ЛЮБ                 #
                          #
```

CYMA   8.73

```
ПДВ А      20.00%          1.46
СУМА ПОДАТКУ               1.46
```

КАРТКА   8.73

ДЯКУЄМО за покупку!
1 АРТИКУЛ
0120636 0115300 29-03-2014 19:52:42
ЗН W/00010740   ФН 3000017259
ФІСКАЛЬНИЙ ЧЕК
Ексоллiо

not a receipt, but a poem

LLC "FOZZY-FOOD"
store "SILPO"
m. Kyiv
st. Pivnichna, bld. 6V.
PN 322949218139

```
00001                          01
0.388 X                     22.49
NectarineKG                  8.73 A
.......................... ¤
¤ Receipt N 19/275/543       ¤
¤ Cashier N 6 (Mikhailova V. ¤
.......................... ¤
                             ¤
FORTUNE FOR YOU:             ¤
BE LOVE                      ¤
——— . . . . . . — — —        ¤

TOTAL                     8.73
- - - - - - - - - - - - - - -
VAT A      20.00%            1.46
SALES TAX                   1.46
- - - - - - - - - - - - - - -
CARD                        8.73
   Thank you for your purchase!
            1 ARTICLE
0120636 0115300  29-[4 /014 19:52:42
ZN W00010748        FN 3000017259
      FISCAL RECEIPT
     ⑤ Eксолло
```

снаряди

вдих-вибух
вдих-вибух

смикаюся від голосних звуків
як від приголосних
смикаюся від тихих
і від дихання
мене пересмикує, як осику
як осу кинуту в осінь
де чекає мій біль
моя біла загибель
без вибуху
і без вдиху

2014

shell fire

inhale-
explode
inhale-
explode

I get startled by the sounds of vowels
and by the consonants
startled by soft sounds
and by my own breathing

a tremor seizes me
like leaves on an aspen tree
like a bumble bee
dropped into a winter

where pain awaits
a white demise
of no explosion
no inhalation

OM/MR

хмародери

на ніч розчеши коси
бо хмару уже не розчешуть
ці хмарочоси

заший рани будинку
заліпи білими хрестиками
цю обпечену шкірку

рукою — тільки без нервів —
закрий вибиті зуби вікон
щоб не залізли сюди мародери

будь обережна
усе, чим можна порізатись
тримай біля ліжка
і ріж, коли треба, ріж
але виживи

2014

skyscrapers

in the night, pull a comb over your tresses
these skyscrapers can no longer
comb the sky

stitch the wounds on your building
with white bandages cover up
black burns on its pelt

with a hand—just don't twitch—
shield the gaping mouths of windows
so marauders won't get in

stay vigilant
everything that can cut
keep by your bedside

and cut, if you must, cut but
survive

OM/MR

від старості

померли дід і баба
в один день померли
в одну годину
в одну хвилину —
люди говорили, що від старості

здохла їхня курка
їхня коза та собака
(а кішки не було вдома)
і люди говорили, що від старості

розвалилась їхня хата
сарай став руїною
і погріб зверху присипало землею
люди говорили, що від старості розвалились

прийшли їхні діти ховати діда з бабою
Оля була вагітна
Сергій був п'яний
а Соня мала три рочки
і вони теж померли
а люди говорили, що від старості

холодний вітер обірвав жовте листя
і поховав під ним діда, бабу, Олю, Сергія, Соню
які померли від старості

2014

of old age

an old man and an old woman
died on the same day
on the same hour
on the same minute—
people said they'd died of old age

their hen died
as did their goat and their dog
(but the cat wasn't home)
and people said they'd died of old age

their house fell apart
their shed turned into a ruin
the cellar was powdered over with dust
people said they were just too old

their children came to bury the old man and the old woman
Olya was pregnant
Serhiy was drunk
Sonya was only three
and they died, too
and people said they had died of old age

a cold wind plucked off the yellow leaves
and buried under them the old man, the old woman, Olya, Serhiy,
and Sonya
who all died of old age

SL

гусінь

її пальці змерзли і звузилися
з них злітає обручка
цокає асфальтом
її пальці тремтять на вітрі
як осінні листочки
коли біля ніг проповзає гусінь
танкова гусінь
біля ніг її до́чки

двоє підходять і наказують
розвернути руки, як для оплесків
вдивляються в паспорт перший, другий раз
мацають її пальці мозолисті
і знаходять опіки, лише опіки
де мав бути мозоль на вказівному
від снайперської гвинтівки
вони називають її позивний
а може і не її —
курва-жінка

вони її роздягають
вони її розглядають
вони розлягаються
злягаються
лаються

дев'ятеро
(її улюблене число)
у синіх халатах
(її улюблений колір)
у дірявих кросівках
(її улюблене взуття)
дев'ятеро
на одну розпатлану
не курву, а жінку

caterpillar

her digits contract in the cold
a wedding band slips off her ring finger
it clinks and rolls on the pavement
her hands tremble like leaves
as a caterpillar draws near—
its track
crawls by her daughter's feet
and stops

two men approach
order her to open her hands as if for a clap
they peer into her passport, pass it between themselves
they press and squeeze her thumbs
on her index finger
they locate a burn instead of a callus
from shooting a sniper rifle
they call her by her nickname
or maybe it's someone else's—
Butch

they strip her
they probe her
they lay her down
enter her
cursing

nine of them
(her favorite number)
wearing blue bathrobes
(her favorite color)
second-hand Nikes
(her favorite shoes)
nine of them
for one disheveled—
not a bitch, but
a woman

а дівчинка зігнулась калачиком
вона дивиться і не плаче
вона піднімає мамину обручку
ховає в роті, як собака кістку
та дивиться, як гусінь дожирає їхнє зелене місто

2014

her little girl curls up like a fetus
looks on without tears
she picks up her mom's wedding band
holds it in her mouth like a dog with a bone
and watches a caterpillar devour their verdant town

OM/MR

молитва

Отче наш, що є на небі
у повному місяці
та в порожньому сонці
захисти від смерті моїх батьків
чия хата стоїть на лінії вогню
і вони не хочуть її покидати
як домовину

захисти мого чоловіка
який по інший бік війни
як по інший бік ріки
і цілиться своєю гвинтівкою в шию
яку колись цілував

я ношу на собі цей бронежилет
і не можу його скинути —
він мені як шкіра
я ношу в собі його дитя
і не можу його вигнати —
він через дитину оволодіває моїм тілом
я ношу в собі цю Вітчизну
і не можу її виблювати
бо вона як кров —
тече в жилах

хліб наш насущний віддай голодним
і нехай вони перестануть їсти одне одного
світло наше віддай темним
і нехай їм прояснится

і прости нам зруйновані міста наші
хоч і ми не прощаємо цього ворогам нашим
і не введи нас у спокусу
зруйнувати світ цей зіпсований
але визволи нас від лукавого

prayer

Our Father, who art in heaven
of the full moon
and the hollow sun

shield from death my parents
whose house stands in the line of fire
and who won't abandon it
like a tomb

shield my husband
on the other side of war
as if on the other side of a river
pointing his gun at a breast
he used to kiss

I carry on me this bulletproof vest
and cannot take it off
it clings to me like a skin

I carry inside me his child
and cannot force it out
for he owns my body through it

I carry within me a Motherland
and cannot puke it out
for it circulates like blood
through my heart

Our daily bread give to the hungry
and let them stop devouring one another

our light give to the deceived
and let them gain clarity

скинути наш тягар Вітчизни
як дешевий бронежилет —
важкий і мало помічний

захисти від мене
мого чоловіка, моїх батьків
моє дитя і мою Вітчизну

для Маші, Мар'яни та Марусі

2014

and forgive us our destroyed cities
even though we do not forgive for them our enemies

and lead us not into temptation
to go down with this rotting world
but deliver us from an evil
to get rid of the burden of a Motherland—
heavy and hardly useful

shield from me
my husband, my parents
my child and my Motherland

OM/MR

ворона, колеса

коли міста вже не було
почався бій за кладовище
а саме надходив Великдень
і дерев'яні хрести на свіжих могилах
випустили свої паперові квітки —
червоні, блакитні, неонові
салатові, оранжеві, малинові

веселі родичі наливали собі горілки
а мерцям — прямо в могили
і вони звідти просили ще і ще, і ще, і ще
а родичі знов наливали

карнавал тривав, тривав карнавал
доки зять не наткнувся на розтяжку
біля могили тещі
а старий дідо задивився в небо
та лишився без неба
огрядний чоловік вдарив чаркою
і розбив нею огорожу своєї дружини
дрібне скло впало йому під ноги
як град із грозової хмари

настав Великдень
і на могилі Воронової Анни Андріївни
стоїть ворона — не пам'ятник
у цвинтарному гнізді Колесників
де покояться Марія Вікторівна, Пилип Васильович
та Микола Пилипович
стоять БТРу колеса

хто вони мені, ті колеса й ворона?
хто вони? вже не згадаю

2015

crow, wheels

when the city was destroyed
they started fighting over the cemetery
it was right before Easter—
wooden crosses over the freshly dug graves
put out their paper blossoms—
red, blue, yellow
neon green, orange, raspberry pink

joyful relatives poured vodka for themselves
and for the dead—straight into their graves
and the dead asked for more, and more, and more
and their relatives kept pouring

the carnival went on
but at some point
a young man set off a trip-wire
at the grave of his mother-in-law
an old man gazed into the sky
and lost it forever
a fat man smashed his shot glass
at the fence around his wife's grave
glass fell at his feet
like hail

Easter came
now a live crow sits on the grave
of Anna Andriivna Ravenova
instead of a headstone
BTR-80 wheels
rest at the cemetery nest of the Kolesnyk family
where lie buried
Maria Viktorivna, Pylyp Vasylyovych, and Mykola Pylypovych

what are they to me, those wheels and that crow?
I can no longer remember

OM/MR

траурні послуги

цей терорист схожий на кущик
він на вітрі тремтить і втрачає останній листок
але з носа йде пара — він дихає —
це недолік для того
хто хоче бути, як кущик

цей терорист удає з себе сніг
він пухнастий і білий, але
тепла шкіра — недолік для тих
хто прикидається снігом

цей терорист схожий на дівчину гарну
і вона мені посміхається
вона сподівається, що схочу її цілувати
може, навіть і дослідити її тероризм
якось зовсім безпосередньо
але я люблю хлопців, тому в неї теж є недолік

цей терорист їде у катафалку
із написом «траурні послуги»
і це правда, його послуги — траурні
і він сам не радіє із того
він лежить у труні
дуже зблід, наче мрець
став холодним, як сніг
він не диха, як кущик
навіть серце навчив зупинятися на блокпосту
навіть серце навчив зупинятися
і зупинився випадково назавжди

цей терорист — ідеальний
якщо повірити, що це — не людина
а лише терорист

2015

108

funeral services

this terrorist looks like a bush
he trembles in the wind and sheds his leaves
but breath escapes from his mouth —
that's quite a disadvantage
for someone who wants to be a bush

this terrorist looks like snow
he is soft and white, but
warm skin is a disadvantage for someone
trying to look like snow

this terrorist looks like a pretty girl
she smiles at me
she hopes to entice me to kiss her
to seduce me into her terrorism
through carnal knowledge
she is also at a disadvantage
I prefer boys

this terrorist is riding in a hearse
with a sign "mortuary services"
and it's true, his services are ghoulish
he himself doesn't enjoy the business

he lies in his coffin
pale as a corpse
cold as snow
breathless as a bush
he's so perfect
he has trained his heart to stop at will
at a checkpoint and accidentally
stopped it forever

he'd be so perfect
if you could only convince yourself that
he's just a terrorist, not a human being

OM/MR

ніж

із родичами ділимо стіл та могили
із ворогами — тільки могили
приходить один такий претендент
поділити зі мною могилу
мовить до мене:

— я більший ніж ти
я твердіший ніж ти
я міцніший ніж ти

ніж за ножем всаджує у живіт і нижче
ніж за ножем
його жим пружинний
але

він менший ніж ми
він м'якіший ніж ми
бо ніж у нього один
а нас за столом багато
і в кожного своє ніж
і в кожного свій ніж

мовить до мене:
— я твердіший автомат ви
я більший автомат ви
мат за матом
автомат за автоматом

тримайтесь кажуть тримайтесь
і ми тримаємось за наш стіл
та випиваємо з дула автомата
по своїй кулі
і гостю наливаєм одну

2015

knife

with relatives, we share table and graves
with enemies—only graves
one such candidate comes
to share a grave with me
says to me:

—I'm bigger than you
I'm harder than you
I'm tougher than you
sticks knife after knife into my stomach and below
knife after knife
his pressure springlike
but

he is smaller than us
he is softer than us
because he's only got one knife
and there are plenty of us
at the table
and each has their own "but"
and each has their own cut

says to me:
—I'm a sharper blade cut you
I'm a thicker blade cut you
chip, chop, chip, chop
the last one is dead

hold on they say hold on
and we hold onto our table
from the gun muzzle
we all drink our bullets
we pour our enemy one, too

SL

він каже, що все буде добре

він каже: розбомбили школу, до якої ти ходила
він каже: їжа закінчується, грошей немає
він каже: гуманітарка з білих фур — єдине наше спасіння
він каже: гуманітарка щойно полетіла снарядами

школи немає
як це, коли школи немає?
вона порожня, вона дірява чи її зовсім немає?
що сталося з моїм фото, що висіло на дошці пошани?
що сталося з моєю вчителькою, яка сиділа в класі?

він каже: фотографія? кому потрібна твоя фотографія?
він каже: школа розплавилася — ця зима надто гаряча
він каже: вчительку я не бачив і не проси мене дивитися
він каже: бачив твою хресну — її вже немає

тікайте
киньте все і тікайте
залиште хату, погріб з абрикосовим варенням
та рожеві хризантеми, що стоять на веранді
собак пристрельте, щоби не мучилися
кидайте цю землю, кидайте

він каже: не верзи дурниць, ми щодня кидаємо землю — на труни
він каже: усе буде добре, порятунок вже скоро
він каже: гуманітарка вже йде

2014

he says that all shall be well

he says: your school's been bombed out
he says: we're running out of food and out of money
he says: relief supplies from the white trucks are our only hope
he says: the relief has just been shot at us like projectiles

the school is no more
how come the school is no more?
is it empty, is it hole-ridden, or is it not there at all?
what became of my photo on the board of honor?
what became of the teacher who sat in the classroom?

he says: a photo? who on earth cares about your photo?
he says: your school has melted—this winter has been too hot
he says: I didn't see your teacher, don't ask me to look for her
he says: I saw your godmother, she is no more

run
drop all you have and run—
leave your house, your cellar with jars of apricot jam
and pink chrysanthemums on the veranda
shoot your dogs so that they don't suffer
dump this soil, go

he says: you're talking nonsense, we dump soil on coffins every day
he says: all shall be well, rescue is coming soon
he says: the relief supplies are on their way

SL

повертання

нам додому хочеться, туди, де ми посивіли
де небо вливається в вікна потоками синіми
де посадили дерево і виростили сина
де збудували дім, який без нас відсирів

а дорога наша розквітає мінами
ковила й туман прикривають вирви
вертаємось гіркими, не говіркими, винними
нам би мати дім і трохи миру

нам би постояти, подихати сирістю
витягти знімки з альбомів родинних
ми додому їдемо, туди, де ми виросли
нас батьки чекають, могили і стіни

ми підемо й пішки, хоч би були босими
як не знайдем дому там, де ми залишили
побудуєм дім понад абрикосами
з неба синього, із хмар пишних

2015

the return

we want back home, where we got our first grays
where the sky pours into windows in blue rays
where we planted a tree and raised a son
where we built a home that grew moldy without us

but the road back home blossoms with mines
needle grass and fog cover the open pits
we come back bitter, guilt-ridden, reticent
we just want our home back and a little peace

if only to go there, to breath in the scent of mold
pulling yellowed photographs out of the family albums
we're going home where we won't grow old
parents and graves and walls waiting for us

we will walk back, even with bare feet
if we don't find our home in the place where we left it
we will build another one in an apricot tree
out of luscious clouds, out of azure ether

OM/MR

натисніть два

ви подзвонили в службу розшуку
якщо зникла дитина, натисніть один
якщо зник дорослий, натисніть два

залишайтесь на лінії

— вітаю вас. Мене звати Марина,
чим я можу допомогти?

— шукаю маму
коли востаннє?
бачила ще до війни
а чула минулого тижня —
вона дзвонила з фабрики, з п'ятого поверху —
там у цеху завжди є мобільний зв'язок

ні, родичі виїхали, бабуся померла
є номер сусіда, але він не бере
відповідає лиш тьотя Надя і матюкається
ні, не подумайте, це після інсульту
що стався, коли до них у двір прилетіло

так, окупація
це Луганськ

ні, нічого такого, все, як завжди
мама йшла на роботу з палицею
щоб відбиватись від здичавілих собак
ну, вона заступила на зміну, розписалась в журналі
і подзвонила мені

це був уже вечір, можливо, сьома

розповідала? що в них випав не сніг, а кокаїн
це вона так стібеться з їхніх так званих новин

press two

—You have reached the Missing Persons Unit
If the person missing is a child, press one
If the person missing is an adult, press two

Please stay on the line

—Hello, my name is Maryna
How can I help you?

—I'm looking for my mom
Last time I saw her?
Before the war
But I did hear her voice last week—
she called from the factory, up on the fifth floor
they still get reception

No, all the other relatives had left, grandma died
I've called the neighbor, he doesn't pick up
His wife Nadya answers the phone, but all she can do is curse
You see, she suffered a stroke not so long ago
when shrapnel hit their backyard

Yes, under occupation
She's in Luhansk

No, nothing unusual, she went to work, armed
with a long stick to scare off the abandoned dogs
Anyway, she clocked in, started her shift, then called me

It was evening, around 7 P.M.

What did she say? That instead of a snowfall they got
a delivery of cocaine—that's her way of making fun of
their so-called news

між іншим, казала, що бачила
Лєнку-алкоголічку із хахалем
вона вся в рожевому, він у блакитному
сказала:
— хороша пара, наче з пологового
та з ними були два автомати, здається

цими днями артобстрілів не було
тому, каже, що спить як убита
марино, ви мене чуєте?
спить як убита

ви подзвонили в службу розшуку
якщо зникла дитина, натисніть один
якщо зник дорослий, натисніть два
якщо зникла тварина, натисніть три
будь ласка, зробіть ваш вибір
прослухати ще раз — натисніть зірочку

2020

Also, that she saw Lenka the drunkard with a new goon
She was all in pink, he all in blue
Like twins, she said, straight out of a delivery room
Two machine guns with them

No artillery shelling these past few days, so she sleeps
like the dead, she says
Maryna, are you still on the line?
Sleeps like the dead . . .

—You have reached the Missing Persons Unit
If the person missing is a child, press one
If the person missing is an adult, press two
If you are calling about a missing animal, press three
Make your selection now
To listen to these options one more time, press star

OM

об'ява

продається абсолютно бєсполєзний собака
жере як крокодил, копає ями, шо екскаватор
облизує всіх, кого зустріне, але то з великої любові
мовчазний, навіть не вміє гавкати
із пащеки крапає слиною, інколи розбризкує її на обої
постійно стрибає від радості, інколи від неї обсцикається
ніколи не хворів, почті шо безсмертний
порода — донбаська сторожова
продам за скільки хочете
також можете привести суку на случку
хай буде хоч якась радість собаці перед расставанієм
швидше, бо виїжжаємо за два тижні
не хочеться залишать його самого
звати Пінгвін
моб. тел.: 097 797 85 XX

2020

small add

absolutely useless dog for sale
devours food like a crocodile, digs holes like an excavator
licks anyone he meets, but it's only
because of great love of mankind
quiet, can't even bark
saliva drools from his muzzle
sometimes splashing all over the wallpaper
jumps with joy all the time, sometimes
pisses himself all over with the same joy
never been sick, almost immortal
breed – Donbas guard
will sell him for whatever you give for him
you can also bring him a bitch for mating
let him at least have some fun before parting
quick, we're leaving within two weeks
we don't want to leave him alone
his name is Penguin
mobile (097) 797 85 XX

SL

Небілі вірші

брови

ні-ні, не одягну чорної сукні
чорних туфель і чорної хустки
прийду до тебе в білому —
якщо доведеться прийти
і дев'ять білих спідниць
будуть на мені одна попід одною
я сяду перед дзеркалом
(воно буде завішене рядном)
чичиркну сірником
він обгорить, і я
наслиню його
і намалюю собі чорні брови
поверх моїх чорних
і буде в мене дві пари брів
мої і твої над ними
ні-ні, не одягну чорної сукні
я одягну чорні брови
твої на себе

2014

Unfree Verses

eyebrows

no-no, I won't put on a black dress
black shoes and a black shawl
I'll come to you all in white—
if I have a chance to come
and I'll be wearing nine white skirts
one beneath the other
I'll sit down in front of the mirror
(it'll be hung up with a cloth)
strike up a match
it'll burn out and I
will moisten it with my tongue
and draw black eyebrows
over my own, also black
then I'll have two pairs of eyebrows
mine and yours above them
no-no, I won't put on a black dress
I'll put on your black eyebrows
on me

SL

сталеві прибори

мама — не чашка
а тато — не звір
але мама надбита
а тато тримає її за ручки
і не дає зробити ковтка
повітря

мама — не чашка
але чомусь розбивається
коли натрапляє на ліжка кутик
хоч сам кут ховається в панцир
угинається і відповзає

тато — не звір
але чомусь він гарчить
коли вона розливається
сльозами
і розставляє ручки
як чашкові
в боки

її сльози гарячі
як солодкий чай
який ковтаю, не дмухаючи
ковтаю разом із віддзеркаленням
тата і мами

2013

steelware

mom isn't a cup
dad isn't a beast
yet she's chipped
dad's holding her by the hands
doesn't allow her a single mouthful
of air

mom isn't a cup
yet she cracks
when she stumbles over corners
of things which in vain
try to pull back, hurry out of the way

dad isn't a beast
yet he growls
when she breaks down—
hands akimbo like cup handles
on her sides—
into tears

hot like the sweet tea I swallow
without blowing
to cool it down
along with a reflection of
dad and mom

OM/MR

попільничка

тепер це не будинок
тепер це не дім
для мами, для тата, для мене
та овочів у холодильнику, ні

тепер це не хата
не дім — не фортеця
і більше не чотири стіни
(він навіть не тягне на те
щоби бути валізою або наплічником)

це тільки велика
чорна
кіптява
попільничка
у яку курить Бог
хапаючи дим
а випускаючи з рота мошок

2013

ashtray

no longer a building
no longer a home
to mom, to dad, to me
to the vegetables in the fridge

not a home, not a fortress
no longer of four walls
(barely even fit to be a suitcase
or a backpack)

now—a big
sooty
ashtray
for a god
who inhales the smoke
and lets fruit flies out of his mouth

OM/MR

механізм снігу

годинникові механізми сніжинок
намотують мотузки часу
і важко риплять під ногами
людини-фабрики

здорова сніжина — бульденеж —
пробила голову випадковому перехожому
приїхала швидка і міліція
червоне і чорне
красиве і корисне
усе зібралося тут
на одному місці злочину

— не треба плакати, пані
не треба плакати, дівчинко
ми зашиємо вашому перехожому голову
і буде жити довго і щасливо

покотився череп — черепки якогось
трипільського глека:
— три поля бою перейшла, три пожежі
перетерпіла
а такого ніколи не бачила —
сказала лікарка чорним по білому
чорним по білому сказала
лікарка із маленьким хрестиком на грудях

певно, важко нести хрест
якщо він такий червоний
певно, важко бути міліцією
коли державні закони не виконують
навіть ці білі важкі сніжини

для М.П.

2012

mechanisms of snow

the clockwork mechanisms of snow
wind up the ropes of time
and creak under the feet
of a human factory

a huge snowflake, a *boule de neige*
cracked the skull of a passerby
an ambulance and a police car arrived
red and black
the beautiful and the useful
all gathered here
at the crime scene

do not cry, madame
do not wail, little girl
we will patch up the skull of your passerby
and he will live happily ever after

happily ever after
the skull rolled—like a shard
of Trypillia pottery

crossed three fields of war, survived
three great fires, but never saw
anything like this

said the doctor, white on white
laying it out like it is
a tiny cross on her chest

must be hard to carry a cross
so very red
must be hard to be the police
when state laws are broken
even by snow

OM/MR

танець еміграції

абрикоса із заламаними руками
її танець пластичний і дикий
золоті паєтки дзвенять ніжно
коли її голова повертається в такт вітру

уже емігрували качки
навіть курка поїхала у вантажівці
звідси ген-ген далеко
— геть-геть, — сказала полярна крячка
у якої тут була пересадка
чи як там це в них називається

але моя абрикоска
не збирає листя в валізи
хоч їй є куди полетіти —
родичі шлють їй кульбабові листівки
пропонують допомогу із візою

абрикоса
стоїть сама-одна під териконом
а коли прилітає вітер
танцює з цим пройдисвітом так
що ось-ось відірветься від землі

її еміграція — це танець
відчайдушний і ризикований
такий же довгий
як абрикосове коріння
як абрикосове життя

2013

asylum, a dance

the apricot tree's arms are broken
her dancing wild
the golden sequins rustle
like thousands of children armed with bells
her head turns with the wind

all the ducks emigrated
and even the hen departed in a truck
to a far-away land
far and away, confirmed an arctic tern
which only landed here for a quick transfer

yet my apricot tree
isn't packing her leaves into suitcases
even though she does have somewhere to go—
relatives send her postcards on dandelion fluff
offer help with a visa

she stands all alone by a slag heap
and when the wind comes
she does her wild moves
as if she's ready to uproot herself, to fly
away—to a better place

asylum, a dance
desperate and risky
as long as an apricot tree root
as long as the apricot tree's
very life

OM/MR

Про таких кажуть: голі

неголена нога

поголила одну ногу, а про другу забула
механічно вдягла білу блузку
коротку спідничку
чорні сережки
червоні губи
і пішла на робочу зустріч
сіла, і поклала ногу на ногу —
голену на неголену

— о! ти ж феміністка! — шепочуть мені, —
бачу, у тебе ноги неголені!

дорогі колеги, давайте будемо об'єктивні
права нога голена, а от ліва—ні
відповідно ніяк не можна сказати
що обидві ноги неголені
на лівій стирчать чорні волосинки
а от права зовсім права, і вона гладенька
одна нога феміністична і волохата, справді
а от друга—патріархальна, як шовк, да

— як це можна поєднувати? — обурюються одні (жінки)
— як так можна ходити? — дивуються інші (жінки)

вдома розповідаю це коханому
поклавши ногу на ногу —
феміністичну на патріархальну
а потім навпаки
патріархальну на феміністичну
а коханий присідає біля моїх ніг
цілує їх і шепоче:
— а я люблю тебе і неголену, і голену
і напівголену
і зовсім оголену

2017

Such People Are Called Naked

unshaven leg

I shaved my right leg but forgot to shave the left leg
habitually, I put on a white blouse
a short skirt
black earrings
red lips
and went to a work meeting
sat down and crossed my right leg over my left—
the shaved leg on the unshaved

—oh, but you are a feminist! they whisper to me
I see your legs are unshaven!
dear colleagues, let's be fair
my right leg is shaved, but my left leg is not
hence, you can't possibly say
that both of my legs are unshaven
black hairs stick out of my left leg
but my right leg is fully all right
one leg is feminist and hairy indeed
but the other one is patriarchal and silky, it really is

—how can you combine that? some (women) say, hurt
—how can you walk about like that? some (women) say, bemused

back home, I tell all this to my lover
with my legs crossed—
the feminist over the patriarchal
and then the other way round
the patriarchal over the feminist
and my lover kneels before me
kisses my legs and whispers,
—but I love you both shaven and unshaven
as well as half-shaven
and stark naked

SL

про таких кажуть: голі

ти зняв футболку
я стягла сукню
ти розщепив ремінь
я розстібнула станик
ти опустив штани і віджбурнув шкарпетки
я вивільнилася з білизни — чорної —
тому краще її називати чорнизною
і от ми лежимо в ліжку
двома смужками
як два білі хліби
обличчям один до одного

ти торкаєшся рукою моєї щоки
опускаєш її нижче, на шию
проводиш пальцями по ключицях:
— як гарно тут усе зроблено! — вимовляєш
аж раптом
з-за твого плеча визирає твоя мама і каже:
— Андрюша, ти помив руки?
ти обертаєшся до неї, показуєш руки
вона пропонує компот і йде на кухню
ти повертаєшся до мене
кладеш руку туди, де зупинився
з ключиці вона зісковзує на груди
ніжно, як морський пісок
і тут
я чую потилицею подих мого тата:
— мала, думай головою,—
шепоче він голосно
я відвертаюся від тебе до нього
і бачу це неголене обличчя зовсім поряд
і відказую йому
що я завжди думаю головою!
повертаюся до тебе
і вже моя рука ковзає по твоїх грудях

such people are called naked

you took off your t-shirt
I pulled off my dress
you unbuckled your belt
I unhooked my brassiere
you let down your pants and kicked off your socks
I freed myself out of my panties, so scanty
that I'd better call them scanties
and now we lie in bed
two strips
like two white bread loaves
facing each other

you touch my cheek with your hand
you run your hand lower down my neck
you trace my collarbones with your fingers:
how nicely everything is made here!—you utter
but suddenly
from behind your shoulder your mom peeks out and says
—Andryusha, did you wash your hands?
you turn to face her, show your hands
she offers you fruit compote and goes to the kitchen
you turn back to me
put your hand back where you got interrupted
from the collarbone it slides down to my breasts
softly as sea sand
and here
I feel my dad's breath on my nape:
think with your head, child
he whispers loudly
I turn away from you
and see his unshaven face very close
and reply that
I always think with my head!
I turn back to you
and now my hand slides along your chest

та рідке волосся пригинається під нею
і тут
за твоєю спиною рипнуло ліжко:
— Андрюша, випий компотику
ти відвертаєшся від мене
дзвінко її цілуєш і кажеш:
— мамо, я хочу побути сам!
а вона відповідає обурено:
— щось не схоже, що ти сам!
та знову кудись іде
і от
ти зі мною
і твоя рука вже на моєму животі
поступово пробирається нижче
що вже стає так близько і ніжно
що вже так
і тут
я чую кректання моєї бабусі
вона голосно каже мені в спину:
— я так і знала, що ти вже не цнотлива —
он як твій погляд змінився!
і я
забираю зі свого живота твою руку
в півоберти до бабусі
твоєю ж рукою
поправляю їй фіолетову хустку
і кажу голосно:
— я ще незаймана, ба
і довіку буду незаймана!
повертаюся до тебе
а тут через твоє плече
визирає бабуся в жовтій хустці
цього разу твоя:
— яке жіноче ім'я закінчується на приголосний,
ніби воно чоловіче? — питає мене
відповідь це — я, але я мовчу
та забираю твої руки з моїх стегон

and its downy hair bends under it
and now
behind your back the bed creaks:
Andryusha, have some fruit compote
you turn away from me
kiss her sonorously and say:
mom, I want to be alone for a little while!
and she replies, offended:
it doesn't look like you're alone!
and she goes off again
and now
you are with me again
and your hand on my stomach
glides slowly down
so it gets close and tender
so it gets so
and now
I hear my grandmother's groaning
she says behind my back:
I knew it! You're not a virgin anymore—
see how your look changed!
and I
take your hand off my belly
turn halfway to my granny
with your hand
I straighten out her purple kerchief
and say in a loud voice:
—I'm still a virgin, nan
and will remain untouched forever!
I turn back to you
and here, over your shoulder
an old lady in a yellow kerchief peeps out
this time, your granny:
—what female name ends in a consonant
as if it were a man's?—she asks
the answer is—mine, but I keep quiet
and take your hands off my hips

сніг падає між нами
і наче два солдатики
ми лежимо так до ранку

а вранці приходить прибиральниця
відкидає кучугури між нами
і я довго-довго дивлюсь у твої зелені очі
а ти довго-довго на мої коричневі соски
а потім кажу:
— давай роздягнемось.
і я знімаю із себе по черзі:
тата
бабусю
маму
сестру
а ти знімаєш із себе по черзі:
маму
брата
бабусю
друга дитинства
тренера з пік-апу
і ми залишаємося зовсім-зовсім без нічого
про таких кажуть: голі

для Анрі Мішо

2016

snow falls between us
and like two toy soldiers
we lie like this till morning

and in the morning a cleaning lady comes
shovels away the snow mounds between us
and I look into your green eyes for a long, long time
and you look at my brown nipples for very long
then I say:
—let's get undressed.
and one by one, I take off:
my dad
my grandma
my mom
my sister
and you take off, one by one:
your mom
your brother
your childhood friend
your pick-up coach
and we're bare now, wearing nothing at all
such people are called naked

SL

фальшиві друзі і кохані

навіть фальшиві друзі перекладача
колись стають просто друзями:

ти кажеш *kochana* —
і в мені вибух показує шляпку гриба
я питаю, чи ти не п'яний?
чи ти знаєш, щó українською означає це слово?
адже є ще *kochanie*
що казав мені вчора
як до зовсім маленької

відповідаєш, що я тобі мила
що я лише мила, а не кохана
вимовляєш не українською, а польською
що я тобі *kochana* — тобто
як друг, а точніше — як подруга

знаєш, кажу я, у білоруській теж проблеми з любов'ю
у білоруській зовсім не те, що у нас
їхня *любоў* спокійна й смачна, мов до їжі
мов до країни, коли у ній немає війни
і як вони живуть без такої любові
яка є у нас?

ти говориш:
любов — як подув вітру
ніколи не вгадаєш, що з нею буде завтра
приміром, у французькій *baiser* —
уже не *цілувати*, як нас вчили в школі
тепер воно означає *кохатися*

а якщо би ти говорив не польською, а французькою
і сказав *baiser*, якому тебе неправильно навчили в школі
а я би погодилась
бо й мене неправильно навчили в школі

false friends and beloved

even the translator's false friends
become just friends one day:

you say *kochana* — *my beloved* —
and a blast inside me forms
the cap of a mushroom
I ask, are you drunk?
do you know what this word means in Ukrainian?
because there is the word *kochanie* — cutie
that you said to me yesterday
as if addressing a little girl

you reply I'm just a dear to you, not a beloved
you articulate not in Ukrainian but in Polish
that I'm your *kochana* — that is
a friend, or more precisely, a female friend

you know, I say, in Belarusian they also have problems with love
in Belarusian it's not like ours at all
their *любоў* is calm and tasty, like love for food
like love of a country when it's not at war
how on earth can they live without love
as we have it?

you say:
love is like a gust of wind
you never know what will happen to it tomorrow
for example, in French, *baiser* —
is no longer *to kiss*, as we'd learned at school
now it means *to make love*

what if you spoke not Polish but French
and said the word *baiser* that you had been taught wrong
and I agreed
because, at school, I had also been taught wrong

що би було?
адже тіло знає мову краще за розум
адже тіло не підведе

коханий!
ці стосунки такі непевні
ця вся любов від мови до мови така мінлива
сьогодні цілувати — завтра кохатися
сьогодні любити — завтра — як країну
коханий, je t'embrasse —
цілую
лише цілую
у щічку
фальшивий
коханий
перекладача
тобто
поганої перекладачки

для А. Х. та Л. С.

2015

what would have happened?
for the body knows language better than the mind does
the body will not let you down

my beloved!
this relationship is so uncertain
all this love from language to language so changeable
today to kiss—tomorrow to make love
today love me—tomorrow—love a country
beloved, *je t'embrasse*—
I kiss
I only kiss you
on your cheek
faux
lover
of a translator
that is
of a poor translatress

SL

ні горох ні горіх

мова завжди відстає від життя
адаптується надто повільно
заламує пальці
але не відрощує перетинок
і коли вже світ довкола веганський
мова все ще м'ясоїдна

моя подруга, веганка, обурюється
що в ресторанах їй нема чого їсти
кожна страва якщо не з м'ясом, то з рибою
якщо не з яйцями, то з молоком
а я питаю чи в мові їй є чим говорити?
чи є чим думати?

— мова якась — ні риба ні м'ясо, — каже вона
не замориш черв'ячка, не з'ївши собаки
але якщо ти ніколи не куштував риби чи м'яса
і поїдання собаки дорівнює канібалізму
адже ссавці такі подібні до нас
як тобі зрозуміти, про що йдеться?
із рідного дому мова стала хостелом

— я придумаю для тебе іншу мову, — кажу я —
технологічну і веганську!
мову без агресії, —
і зопалу беру бика за рога
тобто мову за ідіоми

і от уже в ресторанах пропонують веганські страви
на кожній автозаправці продають фалафель
каву без кофеїну з кокосовим молоком
навіть «Макдональдс» завів веганське біґ'мак меню
тож, моя подруга прийшла вимагати нової мови
а я кажу:

neither pea nor peanut

language never keeps up with life
adapts way too slowly
learns to curl its fingers
but does not grow interdigital webbing

as humanity gradually turns to veganism
language remains carnivorous

my friend, a vegan, is indignant
that there's nothing for her to eat at restaurants
every dish contains if not flesh, then fish
if not eggs, then milk
and I ask, what about language, is there enough for you
to speak, to think?

ha, this language is neither fish nor fowl, she admits
can't kill the worm without eating the dog
but if you never tried fish or flesh
even eating a dog feels like cannibalism
all of us mammals are alike
don't you get it?
from a family home language turns into a hostel

I will invent a different language for you, I promise
science-based and vegan!
a language without aggression
and immediately I take the bull by the horns, grasping
language by its idioms

and the restaurants start serving vegan dishes
every gas stop sells falafel
coffee without caffeine with coconut milk
and even McDonald's comes out with a vegan menu

— знаєш, наша мова ні горох ні горіх
(це тобі замість риби і м'яса)
знаю, що кажу
бо ми на цьому авокадо з'їли
бачиш, я взяла мотоблок за кермо
виорала нашу цілину
і зростила для тебе нову мову
у ній немає насилля над тваринами
а також всі іменники на позначення людей
мають фемінітиви
можна було б сказати: вона ідеальна
якби не одна проблема

що робити з тими, хто як горох при дорозі
чи стануть вони натомість придорожньою рибою?
бач, завжди, коли хочеш вирвати з м'якушем
чомусь вириваєтья з м'ясом
тому скажу чесно
що немає в мене для тебе нової мови
є лише ця — м'ясоїдна
занадто емоційна
з пам'яттю ідіом
але не ідіотична
вона ближча до тіла
незалежно від того
чим це тіло харчується
тому
не зніматиму з неї шкіру
і покладу зуби на поличку

2018

146

so my friend comes to demand a new language
and I say
you know, our language is
neither a pea nor a peanut
(that's what you get in the place of fish and fowl)

I know what I'm talking about
I cut my teeth on this avocado

see, I grasped a two-wheeler by the handles
and upturned the virgin soil
and grew a new language for you
without violence against animals

one could say: this language is perfect
if not for one small problem

what to do about those who are full of ginger?
will they become "full of bacon"?
and whenever you try to pull out a bean stalk
somehow you end up cutting it to the bone
so I'll be straight with you and say
that I've got no new language

only this one—carnivorous
gritty, with fresh memory
of idiom
yet not idiotic
it stays close to the body
regardless of what this body feeds on
so please don't skin it alive
just put your mouth where your heart is

OM

у мене до тебе криза

ти підкурював сигарету
а вона не горіла
стояло літо
і дівчата спалахували від першого-ліпшого
а я від тебе вже ні

— наша любов зникла безвісти, — пояснюю другу
пропала на одній із воєн
що ми вели в себе на кухні
— заміни слово війна на криза, — каже він
адже кризи бувають у всіх

пам'ятаєш, була Друга світова криза?
відповідно і Перша світова
громадянська криза — у кожного своя
я забула про Холодну кризу
їх наче теж було дві
а ще ж про визвольну кризу треба згадати
як добре це звучить —
Визвольна криза 1648–1657
так і запишіть у підручниках
криза, яка визволяє
назавжди вивільнює

мій прадід загинув від Другої світової кризи
можливо, від руки іншого мого прадіда
або від його автомату
або від його танка
от тільки неясно
як цю кризу вони вели один з одним
чи криза, як мор, їх убила сама
бо ж у кризі ніби ніхто не винен
вона невідворотна, як смерть

I have a crisis for you

you lit up a cigarette
but it wouldn't burn
it was summer
and girls would light up from any passer-by
but I didn't light up from you anymore

—our love's gone missing, I explain to a friend
it vanished in one of the wars
we waged in our kitchen
—change the word 'war' to 'crisis,' he suggests
because a crisis is something everyone has from time to time

remember the Second World Crisis?
correspondingly, also the First World
Civil Crisis—to each his own
I forgot about the Cold Crisis
it seems they also came in twos
also the Uprising Crisis
it sounds so good—
the Uprising Crisis of 1648–1657
write it down in the textbooks
a crisis that liberates
releases forever

my great-grandfather fell in the Second World Crisis
possibly by the hand of my other great-grandfather
or his machine gun
or his battle tank
but it is unclear
how they conducted this crisis with each other
perhaps it was the crisis itself that killed them, like a plague
for nobody is to blame for the crisis
it is inexorable like death

і коли наша з тобою хатня війна
перетворюється на кризу
чи стає легше
чи менше болить?
хіба птахи повертаються з півдня до нас
а, може, це ми їдемо їм назустріч?
і що це за мова в нас така —
бракує слів, щоб описати наші почуття
лишаються лише криза і любов
як антоніми

але якщо любов буде такою складною
із цими спалахами і згасаннями
як кров і біль
(і кров — це зовсім не місячні
а якесь нове моє почуття)
(а біль — це твоє)
якщо вона буде складеною
з двох різних почуттів
то скоро й любов почнуть називати кризою

у мене до тебе криза, люба
давай одружимось
буде легше обом

у нас криза
краще би нам розлучитися

2016

and when our own domestic war
turns into crisis
does it get better?
does it hurt less?
do birds come back to us from the south
or maybe, we come out to meet them?
why is our language like that—
we lack words to describe our feelings
only crisis and love are left
as antonyms

but if love is bound to be so complicated
with these blazes and smolderings
like blood and pain
(and blood is not like periods
but some new feeling of mine)
(and pain is yours)
if love is made up
of two different feelings
then soon love will also be called crisis

I have a crisis for you, darling
let's get married
it'll be easier for us both

we've got a crisis
we'd better split up

SL

151

як скласти жінку

щоб навчитись
спочатку мені купили пірамідку
і я вдягав кільця на конус
червоне, жовте, зелене, червоне
потім я складав конструктор
це були будинки, машинки та один танк
далі розібрав старий радіоприймач дідуся
і склав його знову:
нічого не загубив
нічого не зламав

щоб бути впевненим, як це в просторі
обійшов усе місто пішки
після цього об'їздив його на велосипеді
на червоне, жовте, зелене, червоне

далі я вивчав анатомію:
кістки, суглоби, м'язи
внутрішні органи, судини
ограни чуттів
і орган почуттів—
собі не думайте, я про мозок

і все для того
щоб правильно
красиво і точно
лягти
на жінку
і ніколи-ніколи її не зламати

для Ю.Б.

2017

how to put together a woman

so that I could learn
they first bought me a toy tower
I stacked rings on a cone
red, yellow, green, red

then I graduated to a Lego set
houses, cars, and a tank

then I took apart my grandfather's old radio
and put it back together
nothing lost
nothing broken

to learn to orient myself in space
I took myself around the city, first on foot
then on my bike, paying attention to traffic lights
red, yellow, green, red

then I studied anatomy
joints, bones, muscles
inner organs and blood vessels
sense organs
and the organ of affections—
the brain

all so that one day
I could lie with
a woman
beautifully and precisely
and never break her

OM/MR

марсала

що це саме ти, було ясно з того
як гладив кожен палець на моїй нозі
ніби й не було в мене до тебе цих пальців
і ти їх створив з нічого

пальці на руках для роботи
пальці на ногах ні для чого —
думала я і сумнівалась
але ти наполіг
бо потрібно щось просто так мати

доторк за доторком
ти створював щось нове в мені:
маленьку родимку на шиї за волоссям
велику родимку на лівій груді
яку не видно у виріз сукні
переінакшив брови —
під поцілунками це зовсім не ті брови
що під теплою водою з крану —
а на спині розпускав нерівні кола
пірнаючи в неї глибоко
і тремтливо
як риба

і я стою перед дзеркалом
у сукні, як марсалове вино
дивлюся поглядом сп'янілим
і бачу
родимку під вирізом
родимку на шиї
пушок на спині
а твої губи все ще створюють світ
і мені трохи боязко, що настане субота

2016

marsala

that you're the one became clear
from the way you stroked my every toe
as if I never had toes before
you'd created them out of nothing

fingers are good for work
toes are good for nothing
I thought and hesitated
but you insisted
that one has to possess something just for the sake of it

touch after touch
you created new things in me:
a little birthmark on my neck behind the hairline
a big mole on my left breast
that is not seen in the cut of my dress
reshaped my eyebrows—
under your kisses these are not the same at all
as the eyebrows under the warm tap water—
and on my back, you spread uneven circles
diving into it deep
and trembling
fish-like

and I stand in front of the mirror
my dress like marsala wine
my gaze befuddled
and I see
a mole below my chest line
a birthmark on my neck
soft down on my back
your lips still at work creating a world
and I'm a little afraid of Saturday approaching

SL

155

спільні друзі

у нас з тобою спільні друзі на Facebook
спільні мертві друзі
ніхто не ховає їхні профілі
тільки квіти постять

це як мати бабцю
поховану на міському цвинтарі
яблунька на могилі якої сплелася корінням з туєю на сусідній

я приходжу до неї прибратися перед Великоднем
бо раптом саме цього року
вона встане і піде

обов'язково полю бур'яни
щоб не було соромно, коли встане
запалюю лампадки
щоб було світло, коли встане

а що робити із фейсбук-друзями
які пішли в кращі світи
а їхні профілі лишилися в гіршому?

чи встануть вони
чи напишуть пару слів у чаті
чи зроблять селфі
чи лайкнуть цей вірш?

2015

mutual friends

we've got mutual friends on Facebook, you and I
friends who had died
nobody buried their profiles
friends post flowers on their walls

it's like having a grandmother
buried in the city cemetery
the roots of an apple tree at her grave entwined
with the roots of the evergreens at the graves close by

before Easter, I go to her to tidy up
in case this is the year
she decides to rise

I weed around her grave
so that I wouldn't be ashamed when she rises
I light up the candles
so there'd be light when she rises

but what to do with these Facebook friends
who left for the better world
leaving their profiles behind in this one?

will they ever rise
send me a message
post a selfie
like this poem of mine?

OM/MR

тверда любов

нашому шлюбу минуло сорок тижнів—
і народився син
нашому розлученню минуло дев'ять місяців
і ніхто не народився

де стратив ти?
повикидав валізи
щоб не могла переїхати
де стратила я?
повикидала слова
щоб не міг запитати

а наша любов нікуди-нікуди не зникає
тепер вона не всередині нас, а зовні
як твердий диск зовні від комп'ютера

любов дивиться на мене й каже:
мамо, тримай серветку

тверда-тверда любов
у рідкої мами
і газоподібного тата

2016

solid love

our marriage passed a forty-week mark
and a son was born
our separation lasted nine months
and produced no life

where did you go wrong?
threw away my luggage
so I couldn't leave

where did I go wrong?
threw out words
so you couldn't question me

yet our love, it doesn't go away
no longer inside us, it's now out there
like an external solid state drive

love looks at me and says
hold my napkin, mom

solid love
of a liquid mother
and a gaseous father

OM/MR

свої безсмертні

тепер я думаю, що можу бути смертна —
померти сподівано або несподівано
здатися перед хворобою
яку виношувала, як дитину
здатися перед дулом
яке не носила

зрештою, здатися безсилою —
теж рівнозначно смерті
адже смерть слабка
якщо міряти мовою
поки ця мова здорова

раніше не хворіла ніколи
або казала, що ніколи не хворію
і не втомлювалася від нездоров'я
а про існування іншої смерті, ніж від хвороби
взагалі нічого не знала
тобто жила, як живуть вічно

мій тато, який боровся з моїм максималізмом
та осаджував тісто
яке надто високо підійшло
про здоров'я говорив щось інше
говорив, що ми всі в родині такі —
ніколи не хворіємо
ніколи не нарікаємо

— і ніколи не помираємо, —
додавала я тихо
бо на жодному похороні я не була
і жодного мертвого родича не бачила
чи всі вони померли до мого народження?
чи всіх їх ховали без моєї присутності?

one's own immortals

now I think that I could be a mortal
that I could die as expected or unexpectedly
surrender to an illness
that I carried inside me like a baby
surrender before a gun
that I didn't carry

in the end, giving in to helplessness
also equals death
for death is weak
if you measure it with a word
as long as the language is sound

in the past, I barely ever fell ill
or perhaps it was just something I said, that I never fall ill
never grow tired from illness
back then I knew nothing of that other kind of death
the one that's not caused by an illness
I lived as if life were eternal

my father, up in arms against my maximalism
attempting to beat down the sourdough
that rose too high
said something different about health
that all of us in the family are like that
never falling ill
never complaining

never dying—
I added under my breath

never attended a single funeral
never saw a single dead relative
did they all die before I was even born?
did they all get buried in my absence?

(чи без моєї любові, додає мій син
який теж ніколи не бачив мертвих родичів)

і коли в твоє безсмертя вірить твій батько
коли в нього вірить твій син
куди діватися тобі?

і от тепер усе не так
тато хворіє
а я вже смертна
але повторюю
що ми всі в родині такі —
ніколи не хворіємо
і ніколи не помираємо —
просто тобі безсмертні!
замість вічної пам'яті — вічне життя
а дитина слухає

2016

(or simply in the absence of your love, adds my son
who has never seen a single dead relative either)

so when your own father and son
believe in your immortality
what are you supposed to do?

it's all changed now
father's ill
and I'm already mortal
yet I keep saying
that all of us in the family are cut from the same cloth
never falling ill
never dying
simply immortal, we are!
instead of memory everlasting—ours is life eternal
and the child listens

OM/MR